遗落在西方的广州记忆

YILUO ZAI XIFANG DE GUANGZHOU JIYI

[美]李国庆 主编

洋记者的广州城记

[美]威廉·怀特曼·伍德 著

[美]邓赛 译 [美]李国庆 校

SPM 南方传媒

广东人民出版社

·广州·

图书在版编目（CIP）数据

洋记者的广州城记 /（美）威廉・怀特曼・伍德著；（美）邓赛译．—广州：广东人民出版社，2022.7

（遗落在西方的广州记忆）

ISBN 978-7-218-15553-1

Ⅰ．①洋…　Ⅱ．①威…②邓…　Ⅲ．①广州—地方史—史料—近代　Ⅳ．①K296.51

中国版本图书馆 CIP 数据核字（2022）第 000973 号

YANG JIZHE DE GUANGZHOU CHENGJI

洋记者的广州城记

[美] 威廉・怀特曼・伍德 (William Wightman Wood) 著

[美] 邓赛 (Sai Sophie Deng) 译　[美] 李国庆 (Guoqing Li) 校

出 版 人：肖风华

选题策划：柏　峰

责任编辑：赵　璐　陈其伟

责任校对：吴丽平

责任技编：吴彦斌　周星奎

装帧设计：书窗设计

出版发行：广东人民出版社

地　　址：广州市大沙头四马路 10 号（邮政编码：510102）

电　　话：（020）85716809（总编室）

传　　真：（020）85716872

网　　址：http: //www. gdpph. com

印　　刷：广东鹏腾宇文化创新有限公司

开　　本：889 毫米 ×1194 毫米　1/32

印　　张：7.5　　字　　数：180 千

版　　次：2022 年 7 月第 1 版

印　　次：2022 年 7 月第 1 次印刷

定　　价：56.00 元

售书热线：（020）85716826

《遗落在西方的广州记忆》丛书序

多年前初到美国时，发现大都市多有Chinatown，通称“唐人街”。其地生活的华人多是粤人，讲的华语也多是粤语。如问路，多摇头，偶尔愤愤地回你一句：“唐人唔识讲唐话！”仿佛中国人就是粤人，中国话就是粤语。不过事实上早先美国大学的东亚语言文学系也多有教粤语的，敝校则如今还在教，尽管修的人少了。而在有汉语拼音之前，西方数百年来所有词典、百科全书、历史教科书里都有的Cantonese固然是广东人或广东话，Canton指的却是广州。可以说，以广州代表广东以至代表中国，在西方曾经是很普遍的现象。

这种现象其来有自。

秦末西汉时，南越王国的海外贸易奠定了番禺作为南海沿岸的贸易中心与交通枢纽地位。至唐代，广府已闻名世界。清初中西贸易发达，曾在各处设海关，但最终集中到广东。1757年，清廷将对欧贸易限于广州，是为“一口通商”。也就是说，在鸦片战争迫使中国开放五口通商前的百多年间，广州是除澳门外西方人唯一可进入和从事贸易的中国口岸，承担着外交、外贸等管理职责。所以说广州代表中国也顺理成章。

因此，广州历史上接待过无数的西方人，其中有画家、商人、学者、传教士、外交官，也有来自底层的船员、工人等。他们在广州少则数月，多则数年，很多人甚至较深地融入了中国式的生活。他们以好奇的眼光欣赏广州，以独特的视角记载广州的风光、地理、人文等。虽然由于文化背景的不同和中国传统的博大，这些记载也难免有变形、疏漏的一面。他们实际上塑造和建构的是一个他们眼中的广州，映射到了西方读者的头脑中，逐渐构成了当时西方世界的中国形象。

近代中国天翻地覆，当年广州的山川风物和社会百态多已烟消云散，却被凝固在这些西方人的著述当中了，就像琥珀中的昆虫，历尽岁月，依然栩栩如生。现在的我们可以借此大致清晰直观地看清近代广州甚至中国在西方人眼中的形象。它们不但是研究中外关系和文化互动、中国近代社会生活史的重要资料，即便是一般百姓，也可据以追怀老广州的街坊店铺、寺庙宫观、五行八作、花艇疍家，甚至琶洲砥柱、大通烟雨。

本丛书计划收录的就是这样一些西文旧籍的中译本。

自改革开放后，中国爆发了又一次“西学东渐”热潮，域外汉学和中国学的经典作品被有系统、成体系地引进，对中国思想解放、学术研究等方面产生了巨大的影响，但在游记方面尚欠力度，成系列的也不多见。

我们希望，通过这些遗落在西方的广州记忆，我们可以重温历史上作为中国对外交往门户的广州之风采，发扬其中的和平、对话、交流、发展等人类共同智慧和人文精神，摒弃曾经的愚昧、自大、保守、落后等鄙陋，在新的时代为推动中国走向世界和世界走向中国作出新的贡献。

李国庆

译者序

威廉·怀特曼·伍德（William Wightman Wood）是一名美国记者、商人、博物学者和诗人。《中国素描：附原创插图》（*Sketches of China: with Illustrations from Original Drawings*，首版于1830年，现中译版名为《洋记者的广州城记》）为伍德19世纪20年代在中国南方，主要是广东及其周边地区包括澳门的见闻杂记，均取自于他在中国游历时所做的笔记。那么，在伍德笔下，中国的南方是怎样的？与历史上其他西方人眼中的中国相比又如何？

关于西方人眼中的中国，可以追溯到13世纪末的《马可·波罗游记》。威尼斯人马可·波罗开启了西方人对中国浪漫化的想象，他的东方见闻和游历叙述成为大航海时代之前欧洲人对中国的基本认识。马可·波罗时代的游记汉学，表达了欧洲对东方古国的向往，是一种将虚构和真实融合在一起的理想化记载。传教士汉学阶段以晚明时期的耶稣会士罗明坚和利玛窦为代表人物，此时经明清传教士美化的中国成为西方启蒙思想家批判神权和暴政的利器。18世纪晚期，随着工业革命和西方国家的海外扩张，西方对东方包括中国的认识也变得“真实化”。19

世纪初，汉学作为一门学科正式确立，西方汉学家开始对中国语言学、敦煌学和西域学等专业领域进行研究，同时也不乏关注当时的中国社会。

伍德此书写于19世纪20年代，正值工业革命后西方各国向外扩张之时，也是鸦片开始在中国泛滥之际。此时，中国是西方各国贸易的对象，西方人对中国有着浓厚的兴趣，但对其不甚了解。伍德此书也就应运而生。伍德坦称，自己所记会破坏掉有些人建立在耶稣会士游记上的对中国的美好看法。他声称写作此书只是根据自己的观察向人们展示简单的真相，他并不赞成对中国的过分偏见。

伍德是美国费城著名演员威廉·伯克·伍德和朱莉安娜·韦斯特雷·伍德的儿子。1825年，他从费城出发抵达广州。1827年，伍德与苏格兰商人詹姆士·马地臣（James Matheson）及其侄儿共同创办了中国第一份英文报刊《广州纪事报》（*The Canton Register*）。报纸由伍德自己用手摇印刷机印刷。从报纸第二期开始，他就批评东印度公司的审查制度和广东商业系统的专制腐败。实力强大的东印度公司和当地的英国人把这些言论看成是对英国贸易政策的攻击，伍德因此被迫辞职回美。1831年2月，他登上美国“范妮号”再次来到广东，加入美国商业公司旗昌洋行，担任其合伙人之一威廉·亨利·劳的秘书。离开旗昌洋行后，他于1831年7月创办了《中国信使报》（*The Chinese Courier and Canton Gazette*）。因竞争激烈，报纸不得不于1833年9月停刊。

伍德也是一位诗人，他以广州的生活为素材，模仿一些有名的诗歌，包括拜伦的作品，对它们进行了改写。他还是一位熟练的制图员和讽刺漫画家，原书的插图即由他本人绘制。19世纪30年代中期，他离开广州，定居马尼拉，并将照相技术带到那里。

这本书是伍德19世纪20年代在广州及其周边城市的所见所闻，记录了他对广州历史地理、城市风貌、经济文化和社会民俗等的描述和评论。所记有近百个话题，包括黄浦、河南、澳门等地方，造船所、炮台、运河等设施，警察、理发匠、苦力等行业，儒学、佛教、道教等诸学派教派，天文、医学、自然史等学科学问，商馆、税法、鸦片交易等商业话题，叩头、龙舟节、婚仪等传统风俗，请愿、赌博、秘密结社等社会现象。每篇独立成章，但基本上是按事件在作者研究过程中出现的先后次序而编写。这些文章，或称“素描”，大都短小精悍，行文也是简单明了的风格。

伍德把自己的所见所闻写成此书，自求真实客观，但因受当时西方主流意识形态的影响，其描述不免带有“东方主义”的色彩。尽管如此，伍德基于亲身考察的记载展现了一幅19世纪早期中国的历史社会生活画卷，为研究那个时期的历史提供了第一手史料。

在本书中，译者对有中文文献可印证的一些人物、地点和事件等添加了注释，但翻译主要在于真实再现原作者的文本，而非对其进行辨析，书中叙述或观念有失偏颇之处，还请读者多加鉴别。

本书为《遗落在西方的广州记忆》丛书的一种。笔者要感谢丛书主编李国庆引领本人走上翻译之路。在此次翻译中，李老师审阅了译稿，就译法、文风和译笔的严谨等提出了宝贵意见。本书责编赵璐对译者序和译文也提出了详实中肯的意见，并对原书目录作了加工，以增强可读性。此外，笔者和编辑还为本书增加了与作者所记年代相近的图片，以增添画面感。这些增加的图片均标有出处，以与作者的原插图区别开来。

2019年底笔者译书至半时，家母过世，与先生在自家后院修一中式小花园“艾园”以为纪念。本书的大部分译改都在艾园完成。能与作者、编者还有花园里的蕉棠竹蘅倾心交流，译书于我，仍是美事一件，唯愿读者能够喜爱此书。

邓赛

2020年7月7日于美国奥兰多艾园

原书序

目前关于中国的作品已经不少，既有杜赫德（Du Halde）、德金（De Guignes）、格鲁贤（Grosier）、斯当东（Staunton）和巴罗（Barrow）的鸿篇巨制，也有其他作者的一些短篇零章，想必读者会质疑旧题新作的理由。可以这么认为，上述作品翔实地记载了中国及其人民的主要特征。然而不幸的是，从中获取信息有如在一大堆枯燥的内容和乏味的细节当中披沙拣金，而常人鲜有这种耐心。耶稣会士的辛劳成果，对历史学家或文物研究者来说是宝库，但对一个渴望了解中国礼仪风俗主要特征的人却是鸡肋。本书所列的中国素描是现场速写，反映的是人间烟火，供对广州及其周边地区一无所知者参考。笔者不刻意讲究行文风格的典雅或结构的优美。我的目的是用一种简洁的笔调，来呈现我对这个不同寻常的民族的细心观察、准确而不带偏见的关乎中国和中国人的评价，并使妇孺老少都能接受。

从中国游历归来的人，没有多少不会因亲朋好友的争相追问而感到困扰，而这些问题大多极为荒唐。如果有一位像我这样的旅游者，可以把他们从这种困扰中解救出来，他们势必会无比感激。他们只需向提问者推荐这本书就好。虽然它并不权威，但可以帮助他们避免回答各种奇怪的问题。

需要指出的是，在研读耶稣会士的作品时，我们会发现它们几乎没有提及中国南部的省份，所以读者不要因发现广州的民俗与南京、北京大为不同而惊诧。中国各地的习俗大体相同，但在一些小细节上，各省居民之间相差甚远。在阅读有关中国的作品时，这是必须要记住的。要是有人对广州的描述与中国其他地方乃至偏僻地区的记载不一致，不应被指责为疏忽大意或不够准确。

在下面的章节里，我要尽量清楚地解释和描述居住在广州的中国人的习俗，也要避免重复我未去过的广州邻省的各种传闻。如果我没能让自己的叙述像大众期望的那样容易理解，那只能说是错在我行文经验不足，而非我有意蒙蔽读者。我在中国的居住不仅是为了一般的休闲，因此能够花很多时间去记录事件、撰写备忘录。现在呈现在好奇的读者面前的，是我在广州的见闻，写于事件发生的当时，可谓是原汁原味。我把这些内容分为独立的章节，而非一个连贯的记载，是为了让读者可以随意翻开本书，读完独立的一篇，而不受全书叙述脉络的影响。我所做的只是把书中的记载尽量依事件在研究过程中出现的先后次序编写。外国人能够观察到的范围是受限制的，相对来说，非常有限。但即使在有限的范围内，我们仍能注意到最不同寻常和令人惊叹的风俗。

对中国人的描述，起先是过度的赞美，这是因作者受游历使命的影响所致。可以想见，当我到达时发现，无论是道德水准还是外形特征，他们不是超出而是远远低于我曾经的想象与期望，这有多么痛心。尽管我不得不抛弃对他们特别的好感，把对他们的评价降到一个很低的程度，但我还是绝不能认同有些人的观点。这些人认为他们是如何性情古怪、品行败坏，以至于把他们归为那些低于普通标准、用心邪恶和最不开化的民族之列。[1]我决定要公平而不带偏见，至于是否做到了，读者们可加以判断。如今，关于中国的许多浪漫的幻想已烟消云散。早期传教士和旅行家的记叙可谓无比夸张，中国人虽然是一个不平凡的民族，他们的法制、道德和普遍才智却并不值得过分赞美。那些把对中国的看法完全建立在耶稣会士游记上的人，会很遗憾地发现，他们对中国的美好看法被我的记叙破坏了。然而在当今世界，人们渴求各种事物的真相，对于在世界版图上举足轻重的中国来说，真实的记载无疑比长久以来对它模糊而神秘化的叙述更能为人接受。

本书约略谈及商业，并非是要提供一份中国经商指南，而只是对规范广州商业交易的奇怪的关税做些解释。书中所有的叙述都系我直接观察的结果，因此我能保证它们的真实准确。书中插图也是我亲手所作，它们亦忠实反映了我的见闻。

受本书篇幅所限，我只能从我的笔记本中选取一部分来发表，因而不得不略掉许多非常有趣的事。

---

① 关于“中国人的特征”，参见马礼逊的《中国观》（*A View of China for Philological Purpose: Containing a Sketch of Chinese Chronology, Geography, Government, Religion and Custom*）一书。——作者注。 *马礼逊（Robert Morrison），19世纪基督教世界第一位到中国的传教士。他著有多本著作，包括《华英字典》等，对传播中华文化做出了很大贡献。但他写的《中国观》对中国人存在着很大的偏见。——译者注

SKETCHES
OF
CHINA

目 录

岛屿 / 买办船的生意

珠江（又名“大河”，Ty-ho）的入海口形成一个大湾，里面崎岖荒芜的岛屿星罗棋布。因为都是悬崖峭壁，其间的水道极深，而且一般来说也毫无阻碍。在珠江海盗猖獗的时代，当地人称为“大万山”（Ty-man-shan）的岛及其相邻的一个小岛，就是这些好汉的啸聚之处。它们因此得名“贼岛”（Ladrones），并沿用至今。其中大的那个岛在海图上被标为大贼岛，小的则为小贼岛。此外还有许多大大小小的岛屿，如蒲台（Poo-toy）、隘洲（I-chow）、三灶（Sam-chow）、利马岛（Lem-mas）和大屿山（Lan-tao）等，都已为人熟知，并被孟买海军的罗斯（Ross）上尉[①]准确地勘测过了。

这些岛在地质学上没有特别让人感兴趣的特征。岛屿地表多是已风化的花岗岩，石英脉穿插其中，留下了深深的痕迹，也形成了漂亮的水晶。这些岛不似水流湍急的大江大河的出海口，并非由泥沙和植被长年堆积而成。

大屿山和香港岛地势最高，在阴暗的天气里，其顶端总是被云层笼罩。山上和岛上的植被有草和灌木，生长在贫瘠

① 东印度公司聘用的水文学家。1806年至1820年间，他从事了对中国沿海地区的勘测，包括渤海的一部分、广东以及一些东部岛屿。——译者注

的土壤里。山谷里，勤劳的农民克服了自然界的种种困难，精心地耕种着土地。一块块绿地似乎在绽颜欢笑，与山丘干旱而荒凉的外观形成了鲜明对比，令人赏心悦目。这里很少能见到野生动物，有也只是小型物种。在一些大的岛屿比如大屿山上，偶尔还能看到山猫。岛上的猴子非常怕人，人很难接近它们。即使猎人成功地伤到一只猴子，也很少有幸能追到它。猴子会藏在难以穿越的灌木丛中，灌木丛里还潜伏着很多大蛇，追捕起来既困难又危险。

大多情况下，当地人比他们上游的同胞更彬彬有礼和乐于助人。除非遇到当地兵船上士兵的骚扰，在岛上停留几乎不会有什么困难或风险。兵船上的士兵极其残忍，常常敲诈勒索，让人深恶痛绝。

靠岛的船通常由买办船（comprador's boat）①带领，停在离岛一定距离的地方。买办船上的人不停地在外洋巡航，引领其他船只到达伶仃岛（Lin-tin）锚地（这里会有一艘船派往澳门去找内河引水员）。当船继续往上游行驶至黄埔停靠时，他们又为船上的人打理好各种事务。买办船需要定期获得许可证。他们专营为靠港的船只提供给养、为离港的船只备好所需物品的业务。经营这种业务的船只长而窄，速度极快，通常为双桅大帆，并配有10—20名男子。为了对付有时会潜伏在河口小岛间的海盗，买办船上的人配有长矛和大石，他们极为娴熟地使用这些工具，能精准地投中敌人。

---

① 葡萄牙语，本意是食物的供应商，现亦用于房屋或船舶的供应商。——作者注

通常，其中一艘买办船上的男子会将靠岛的船带至伶仃岛锚地，派一名办事员到澳门，申请内河引水。引水员一般只要24小时就可以返回，通常还可以更快。中国的引水员粗俗、不识字，行驶过河道的各个角落，他们最终能赚下足够的钱来获得买办权，好经营让外国船只进入内河道的生意。一般引水员由一两名渔民陪同。渔民的小船停泊在沙丘处，好让大船避开这些地方按航道行驶。外洋引水员的薪酬在10银元上下，但是他们经常会利用大船可能陷入的危险处境而索取更多。这些引水员被带上船的地方，距外洋的岛屿25—40英里①不等。法定的官方引水费是60银元，但其中2/3被澳门、穿鼻（Chuen-Pee）、虎门和黄埔的各种官员占为己有。除报酬外，引水员还能从船长那里得到一份咸牛肉、饼干和威士忌，分量大小取决于他们的技能和表现。

接触外洋引水船对于靠港的商船而言有一定风险，头一次来中国的商船船长常会因此提心吊胆。如果船长在引水船靠近时没有适当的警惕，有时也会使自己落入海盗手中，就如在海盗肆虐澳门附近那段时期发生在“渥巴希”（Wabash）号和另外几艘船上的不幸。买办船常常成群结队而行。发现一艘商船，它们会争先恐后蜂拥而至。因为都想第一个抵达商船，因而引发了许多荒谬可笑的事，其中在东印度公司的一艘船上发生的事就非常有代表性。当时有两艘小船从船队里脱颖而出，箭一般驶向收了帆缓缓滑行的商船。过了片刻，本来并肩而行的两艘船中冲出一艘，把对手

① 1英里约等于1.6千米。——译者注

甩在了身后，很快就跟商船贴上并行了。当该船的船长得意地登上商船后，却困惑而沮丧地发现，他的对手已经在后甲板上对商船船主鞠躬了。原来在他从船舷爬舷梯登上甲板的时候，对手却从船尾的一个装卸门钻进底舱，直接翻舱门上了甲板，成为第一个登上商船的人，从而得到了这笔生意。

岛屿之间有许多小海湾，给船只在暴风雨天气里提供了避风处。除非有时遇到危险的飓风，这些船只在海湾里是非常安全的。飓风来临之前，大气层会发生变化。船员们对这些变化很熟悉，发觉之后，通常会赶往澳门躲避。

九洲岛 / 渔船避险地

九洲岛（Kow-Chow or Nine Island）是一群小而贫瘠的岩石岛，位于珠江西岸，在澳门上方几英里处。小岛附近有许多渔船，它也成了这些渔船可以避险的地方。小岛的地质特征与周围其他岛屿相似。

澳门 / 华洋杂处的城市

从海路去澳门，一路风景旖旎。澳门城坐落在澳门半岛上，大致自西北往东南延伸。小城的前部建在外港岸边，东望诸岛和中国海。靠海的步行道，即滨海大道，被葡人称为大湾（Praya Grande）。澳门城穿过整个半岛。小城的背面，也就是西边，沿着珠江支流的河岸延伸，形成所谓的内港。葡人和其他到澳门交易者的船只就在此停泊。外港水浅，加之为了保护船只免受从东边来的强风袭击，船员们就得把船停在东南两岛之间的水道上。这条水道被称为氹仔（Typa）[①]。氹仔的水深，很好下锚。由于内港入口处水浅，重型船舶只好在进港之前，在氹仔将部分货物卸下。在周围优美的环境衬托下，澳门城秀丽可观。从东面去澳门，如天气晴朗，澳门和它邻近诸岛宛如人间仙境。然而，等靠近澳门，你会发现它并没远观时那么美丽动人了。不过尽管存在着许多缺点和劣势，比起当地中国人的脏乱习惯，以及葡人的粗心大意给人带来的联想，这么一个华洋杂处的地方还没有那么让人感到不快。

---

① 葡文名称从闽南语对“氹仔”的读音tiap-á演变成“Taipa”及“Typa”，英文作The Typa。它是澳门的离岛，组成澳门的四大区域之一。——译者注

小城在澳门半岛上占地长度不超过半英里，宽度不到半岛的1/4。中国政府给葡人划定的地界以一道墙为限。该墙横穿半岛的狭长地带，距半岛的另一端大约2.5英里。几个中国士兵和一名军官驻守在此保护边界，不允许中国人或葡人穿越。但是他们执勤漫不经心，也容易买通，所以如果好奇的话，到城墙下看看也不是难事。这道墙是在明朝万历年间建造的。中国政府批准葡人在此建城居留之初，曾严禁越界，违者得受重罚。当时的律例兼及中国人和外国居留者，特别是前者。晚上城门关闭后，就不得再留在城里了。然而，这个禁令逐渐松弛。如今，澳门的中国人口已大大超过了葡人，一些人口密集的小村庄甚至建在了城墙内的海滩上。中国人口日积月累的繁衍，使葡萄牙人在这里的权力最终变得徒有虚名。葡人对这种情况无力更改，以至于他们几乎不可能再恢复帝国朝廷最初授予他们的豁免特权了。

葡人在澳门的行政权由议事局或曰咨询会、总督和一些小官员掌握。与华人的谈判主要是通过民政官来进行的。为了乘坐持许可证的中国船只前往广州，人们必须向民政官提出申请。他们当面或通过信件提出申请后，民政官从有关中国官员那里获得许可证，再转交给这些人。对抵达澳门的人有特别条例限制，但很少有人会真正在意。每一个到澳门的外国人，若想留下来，根据法律必须向总督报告，提供自己到达的时间等信息。因此，如果来时没有报告，走时就得用那些在到达时交了报告，但私自离开了的人（这些人早乘普通船或走私船从外道走了）的名字去提交。整个过程当中，没有人会提问，当然申请人也不会碰到任何困难。我自己的申请就总是很顺利，从来没遇到过一点麻烦[①]。我总在申请中充当他人——这人的名字仍然登记在册，尽管他可能根本不在中国，在没有向当局报告的情况下就离开了。

澳门驻军，由果阿人、澳门土生葡人等组成。不包括军官的话，大约有400名男子。部队在列队行进时，大致看上去还不错，但是他们的武器装备很差，无论是人员还是武器都没有按现役要求配置。澳门的几个堡垒装有重型武器，在位于海湾左侧的圣方济各也有一些旧黄铜炮——它们的长度和重量看起来非同寻常；但由于果阿制造的火药质量差，炮手也无知，这些武器几同摆设。在贼岛战争期间，当时的中国海盗还非常强大，这些掠夺者的船能在半个炮击范围内安全通过，大炮射出的炮弹通常会在半路落空。

这里主要的堡垒是“夫人山炮台”（Our Lady of the Mount），它控制着几乎整个澳门和到达澳门的通道，常简称为“大炮台”（the Monté）。堡垒上装有40门大口径的火炮，从其所在位置发射威力巨大。“东望洋炮台”（The Gier）、“西望洋山炮台”（Bishop's Fort）、“嘉思栏炮台”（St. Francis），还有城前兵营的水上炮台，以及保护内港入口的路环炮台，构成了澳门的防御措施。如果驻守的人懂防御，这里就是一个固若金汤的据点。

海湾的浅水阻止了重型船只靠近澳门城，内港入口就天然的易守难攻。如果防御得当，外面船只若想登陆，只会是

---

① 仅有一次例外。那次我申请许可证的要求被退回了。那位服务人员称退回的原因是，它是用封信条而不是蜡密封的！这个重要的疏忽立即得到了改正。——作者注

自讨苦吃。

圣保禄学院是这里唯一可供学生入学的公共学院。目前，学院的学生不少。他们身着长长的黑罩袍，头戴方帽，颈上围着窄窄的白棉布领饰，可谓是着装奇特，自成一格。除了英文老师是个闲职，教授们由神职人员担任。我听说，它的图书馆虽然藏书相当可观，但主要是些古老的神学作品，没多大价值。那里保存的手稿也没什么意思。但我现在后悔自己没有申请查阅它们的许可。如果能阅读那些图书，我可能会发现与澳门早期历史相关的有价值的资料①。

澳门教堂众多，有一所极为古老，我却不幸忘了它的名字。除了普通教堂外，所有的堡垒和修女院也都设有小教堂，因此澳门的良民百姓是不乏宗教教育的。他们的宗教节日和禁食是如此频繁，以至有人开玩笑说，学校里的男孩一年中有225个假日！当地居民极偏执，也不宽容，除少数人外，均受教士支配，而且极其无知。

一直都有人对澳门的人口作各种估计，其中最可靠的数字是，葡人②约为3000，中国人为4000。这些数字只包括居住在城墙内的人，并不包括澳门城附近的村民。

葡人的房子大多非常宽敞，但因里面缺乏家具和地毯而显得沉闷，也让人颇感不舒服。只有最富裕的居民才会在房子里放地毯。其他居民的地板上则只漆了几层光滑的涂料，

---

① 最近华盛顿·欧文先生在古老的西班牙语图书馆里的发现，使我对自己的粗心大意和对这有趣主题的漠不关心感到遗憾。——作者注

② 在葡人、卡非人（Caffre）奴隶和混血儿三类人中，混血儿所占的比例非常大。——作者注 *卡非人是南非班图人的支系。——译者注

风格仿照大理石而各有不同。尽管冬季不短，这里的人却不生火。冷天里有一间温暖的房是非常让人期望的，对于那些患有病痛的人，也是非常必要的。美国人和英国人等住的房子里总是有火炉或壁炉。当然也有人因贫穷或吝啬，觉得没炉子也行。人们在修建澳门的房子时，比建广州的房子更加谨慎，选的材料通常更好，房子也造得更规整美观。一些私人住宅尤其建得别致，比如贾梅士（Camoens）[①]洞所在的花园宅邸“Casa”[②]，以及其他一些名邸。

澳门市场的供应还算充足。鱼非常多，种类也很丰富，有好几种石斑鱼、比目鱼，还有河里和中国海里特有的许多美味。渔船队每天能捕获大量的鱼，不得不降价竞争，因此鱼非常便宜。大湾有当地的海关，所有的鱼在出售之前被运到这里，由驻扎在此的中国海关官员征税。天气好的时候，海湾挤满了渔船，让这座小小的海关看上去熙熙攘攘，喧闹嘈杂。每个人想尽快让自己的鱼称重，好头一个到市场上出售。每艘船的鱼称重一完，就会立即批发给鱼贩子。这些鱼贩子早已在码头的人群中等着。拿到鱼后，他们用大圆筐盛好，把圆筐挂在木扁担或竹扁担的两头，担着去卖给当地居民。

从欧洲进口的商品在葡萄牙海关缴税。海关面朝内港，是澳门最体面的建筑之一。近年来极为猖獗的走私已经大大

---

① 葡萄牙诗人，以文学成就而被尊称为葡萄牙国父。——译者注

② 为澳门东方基金会会址，建于18世纪70年代，是澳门富商俾利喇（Manuel Pereira）的别墅，后出租给英国东印度公司。20世纪60年代后曾改作贾梅士博物院。——译者注

影响了该机构的收入。

靠近岸边时，开始映入眼帘的是停泊在城前的众多小船或舢板[①]。一场比赛即刻在那些年轻会水的船家女之间展开。她们抢着接客上岸，既是为了赚钱，也是为了名声。因为岸边水太浅，大船不能靠岸，就得靠这些小船来渡。这些小船短而阔，船身非常平，只需吃水几英寸，由一群中国女子操桨！这群女子被太阳光晒得黑黝黝的，划起船来灵巧又利落。乘客坐她们的船，可能行不到20码的距离，就得向这些强悍女支付1银元的费用。他们还要被官员敲诈1银元作为着陆费，另外还要交不合理的行李费。只有坐本地船着陆，才会遭到这种剥削。如果用附属于大船的小船靠岸，就不会有这些事情发生。除了轿子之外，这里没有任何马车，也只有少数外国居民使用马匹。幸亏有拾垃圾的中国人，他们不知疲倦地在街上捡马粪，才使街道保持了清洁。

① Sam-pan，中文又作“三板”，正好表现了这些船的简单构造。它们最初由三块木板组成，一块做船底，两块做船帮。——作者注

贾梅士洞[①] / 有趣的美景

贾梅士洞地方颇小，名气却大。它位于澳门城北端一处叫“Casa”的府邸的大花园内，成为当地一处有趣的景点。石洞既充满了历史的回忆，又呈现出一种天然的美。来过此地的旅行者将它描述为一个洞穴，但实际上它只是两块大岩石之间的狭窄通道。通道顶部覆盖着一层厚厚的泥土，上面建有一座看起来很现代、别致的凉亭。整个石洞被繁树掩映。有位现代的汪达尔人（Vandal）[②]在岩石上切割出了一个石座——据说流亡诗人贾梅士曾在此休养过。此人把石洞一侧的贾梅士胸像和底座都涂上了一层令人炫目的白色涂料！从凉亭内往外望，景色优美宜人，附近大部分最迷人的景点尽收眼底。有一条步行道通往花园最高点，道路看上去像是悬垂于内港之上。在顶上举目遥望，视野更加开阔深远，可看到河流往上延伸而去。这所房子最近租给了一位英国绅

① 贾梅士洞的一幅美丽的素描现正在美术学院展出。这幅令人愉快的铅笔画出自广州的乔治·钱纳利先生。他的风景写生体现出的精致品位无人能及。这幅画是1828年他为N·杜恩（Dunn）先生绘制的，并由杜恩先生借给了学院。——作者注　*乔治·钱纳利（George Chinnery），英国传统学院派画家，曾在澳门居住27年，对中国西洋画的兴起有着重大影响。——译者注

② 汪达尔人是古代日耳曼人部落的一支。——译者注

士，条件是不能拒绝那些想游览石洞及其四周景色的人。如果人们以正当的方式申请参观，是不会有任何困难的。那些因被拒绝参观而感到失望的人，只能怪他们自己粗心大意。[1]花园的地面布置和道路铺设为英式风格，由以前的住家设计，品位高雅。据说花园里多次捕杀到大蛇，包括毒蛇。这些蛇除了猎杀家禽，也没做其他的坏事。在澳门的其他许多地方，蛇比比皆是。我自己的住所附近就有一些非常危险的蛇。

澳门城被石墙围绕，墙上厚厚地砌着一层粗糙的水泥。城墙上有女墙，每隔一段还建有方形的碉堡。北边的石墙延绵于陡峭的山上，据说是由被葡人抓住的荷兰囚犯建造的。当荷兰人在澳门登陆想把它据为己有时，据澳门的居民说，他们的恶意被好心的圣安东尼（Saint Anthony）[2]奇迹般地阻止了。这位守护神屈尊从天而降，让狂妄的荷兰人仓皇而逃。为了纪念这一神奇的干涉，人们在此地立了一个石制十字架。圣安东尼也被一致选为澳门团（Macao regiment）[3]的上校，至于给他的报酬和口粮，则由他的忠实管家——圣安多尼堂的牧师接收。这则轶事可以让我们对澳门大多数居民的无知和迷信有所了解。

天主教神职人员做了最大努力来使中国人皈依，他们也

---

① 此处的业主是俾利喇。我最后一次访问时，租客是费伦（Fearon）先生，他是广州伊尔贝里·费伦洋行（Ilbery Fearon&Co）的钟表匠。——作者注

② 一位天主教圣人，被称为葡萄牙的守护神，也是失去东西的人的守护神。——译者注

③ 当时葡萄牙人在澳门的驻军。——译者注

在中国人里面发展了一些名义上的教徒。但是，中国人对自己的宗教很虔诚，对其他任何宗教都缺乏兴趣，这阻碍了他们去信戒律相对严苛的天主教。除此之外，政府的偏见使之也不支持天主教，一个本地人被称为教徒是很危险的。如果发现了，政府会对这些人施加惩罚，罪名是欺君罔上，即与外夷勾结以图谋不轨。在马六甲和新加坡，新教徒和长老会的使命完成得要好些，但是皈依者的数量与这些神职人员不辞劳苦的做工相比，依旧是非常之小。与罗马天主教会相比，其他教派所要求的严格僵硬的宗教仪式，更不大可能被中国人接受，要想改变中国人的偏见，几乎不得不改变他们的本性。

澳门的庙 / 妈阁庙的传说

面向澳门内港有一座寺庙，周围风景如画，也是人们喜欢前往烧香的地方。寺庙由几个大小不一的建筑构成，修在突兀高耸的岩石上。寺庙周围树木环绕，整个庙被掩盖其中。树木的根裸露在外面，把很多处的岩石都盖住了。它们穿过岩石的裂缝，从缝里的小块土壤中吸取营养。台阶建在岩石上，自石块切割而出，向各个方向延伸而去，一路蜿蜒曲折，直至各殿的入口。岩石上还镌刻着朱红色的大字，刻痕极深。传说这座远近闻名的寺庙的来历是这样的："从前有一支船队即将从福建[①]起航，一位女士突然出现在其中一艘船上，劝说渔民们推迟航行。她说尽管天气看上去很好，一场风暴却正在逼近。然而，不管她怎样警告，除了她所在的这一艘船外，其他船只还是出海了。结果除了这一艘船，其他船只全部失踪，船上的人也都罹难。暴风雨消停后，这位女士所在的船才出海，并安全到达澳门。船靠岸时，她顷刻间就消失了。"人们在那位女士消失的地方修建了一座寺庙，称之为"娘妈阁"（Neang-ma Ko），意思是"天后的

① 广东省东边的邻省，广州方言称"Fo-Kien"。——作者注

殿堂”[1]。娘妈即妈祖，被尊为海上保护神。船员在遇险时会叫她：啊，娘亲！啊！母亲！在那艘船着陆的地方，经常还可以看到船、锚和桅杆等碎片。这是那些被她援助脱险的船员们留下的，以表达对她的感激之情。

从海上返回时，为了答谢妈祖，船员们习惯上会去娘妈阁，在祭坛前上香拜祀，并焚烧锡箔以祈福。这里整个社区住着澳门华人（Macao-Chinese）的最底层。他们的房屋非常肮脏，看上去很是让人不快。房子很小，大多数情况下，里面住的人特别多，还有成群的家禽、猪和儿童羼杂其间，这些都让房子难以保持整洁和清静。

① 即妈阁庙，澳门有名的寺庙，初建于明弘治元年（1488）。早期又称“娘妈庙”“天妃庙”或“海觉寺”，后定名为“妈祖阁”，华人俗称“妈阁庙”。——译者注

通往澳门的内航道 / 外国人通行的规矩

从广州前往澳门的商业航路对普通外国人是禁行的，要去只能非法乘坐黑船、私人帆船或本地船，这种非法航行的行为很普遍。将外国人从黄埔带到澳门，或从澳门带到黄埔的价格在20—40银元之间。所谓的“内航道”，是指将持护照或旅行许可的外国人带到澳门的船只所航行的一条通道。为了走这条道，坐船的人必须在出发前两天，就通过懂几门语言的人，向签发护照的部门提出申请。租一艘船大约是40银元，包括了所有费用。只要空间够大，船允许多人乘坐，这样费用就可以由几个人分摊，对于每个人来说也就不贵了。这些船的舱房宽敞，四周有高台。舱里铺满垫子，人在里面可坐可睡。舱中间有桌子，还有其他便利设施，因此非常适合乘坐。仆人、厨师和船员住在甲板上，不会打扰乘客。船在狭窄的水道里航行，逆风或无风时，船员们会上岸拉船。他们用手拉系在船桅杆头的绳，沿着岸边缓缓而行。航向则由舵手控制，舵看上去宽阔而坚固。对于一个外来人来说，这种旅行方式真是新鲜又有趣。海岸上风景宜人，处处让人感到新奇。直到行驶至近海时，乡村看上去才不那么诱人了。岸边的山丘一般都很高，上面要么贫瘠无物，要么遍地是松树。

船只需要在香山停留以接受检查，同时也让官员们查看乘客的护照。在河口捕鱼的众多船只亦在此汇合，使得该镇尤显重要。船只在这里进行维修和拆装，因而出现了大量相关的就业人员。在海盗贼寇最强大的时期，那帮人在附近横行霸道，干了不少坏事。为了防范海盗，人们在水道上立了一些桩，不让他们的船只通过。水道的一小部分地方仍保持敞开，但有铁链护着。如今铁链还在，只剩下残骸了。因为有如此的防范措施，水道多年来已不再发生警报。此处有一条规定，如果船只日落之后到来，而船上有外国人，就必须停在下锚的地方，直到第二天早晨才能靠岸，因为没有官员会在黄昏后上船检查。欧洲乘客也需在护照上签名，但他们一般都会用荒谬或虚构的名字来替代真名。那些中国官员除了汉语并不懂其他语言，他们对乘客离开时签的尤利乌斯·恺撒（Julius Caesar），或拿破仑（Napoleon），或其他更荒谬的名字，懵然无视，也领会不了乘客们是在开玩笑。有时就在到达澳门之前的“百老汇”（Broadway）[①]，会看到一艘停泊在那儿的战船。过往船长必须停下自己的船只，登上战船，出示船只通行证才能继续航程。整个航行中，不会再有其他阻拦。由于珠江有很多弯道，航行的距离很难准确估算，但应该不会少于120英里。一路上可以看到山上有许多宝塔。它们与外航道的宝塔不同，只有7层，而黄埔和蚝墩浅（Second Bar）的那些宝塔都有9层。

① 应该指的是磨刀门水道。——译者注

在这里的乡村与人打交道，与广州城周围地区相比，遭遇到的傲慢和欺负要少得多。如果不是因为想到当地衙门就害怕，人们会更加礼貌客气。要知道向“洋鬼子”表达善意，会被官员们当作心怀不满、企图叛国的绝好理由！

内航道的沿江两岸，经常会看到桑园。桑树被整齐地修剪成10—12英尺的高度。桑叶主要从侧枝长出，而侧枝是围绕着被切断的茎或主干生出来的。蚕要消耗大量的桑叶，桑园仅仅是为了养蚕而种植的。大面积的水稻是这个地区农业的主要特征，在沿岸村庄的周围，还有各种小树林和菜园子。有些地方的稻田一望无际，在各个方向都有河渠与之相交。河渠上小船如梭，来往不绝。一路上不少地方都风光秀丽，如果不是船只行驶快速，景色不断变化，人们是可以对着一处美景愉快地画素描的。

伶仃岛 / 猖獗的鸦片贸易

伶仃岛远近闻名，全因其是鸦片船的停泊点，也是船只等待引水员的临时锚地。岛上极其荒凉，多是些大块的花岗岩，花岗岩形成一座相当高的山。岛西北部的一座山谷里坐落着一个村庄，里边只有几户人家，大多是渔民和小农户。

伶仃的鸦片船（油画）。原作者威廉·约翰·哈金斯（William John Huggins），爱德华·邓肯（Edward Duncan）于1838年复制。香港海事博物馆藏

在晴朗的天气里，40英里之外就可以看到伶仃峰。伶仃峰约有700英尺高，极难攀登，所以很少有人爬它。1827年5月，我与两名先生攀爬了很长时间并经历多次擦伤后，终于到达山顶，我们发现伶仃顶峰其实是一块巨大的花岗岩，上面还长有几种奇虫异草。在行进的路上我们遇到了几头水牛，还有好些山羊，它们没有阻拦道路。我们还看到了猴子，虽数量不多，但个头很大，看起来好动又害羞，在枪的射程之内是很难接近的。顶峰上的风景非常壮丽，极目望去，可以看到海岸上的岛屿，附近的大屿山高地，以及伶仃岛上方的河岸。从顶峰向外望去，好几地的岩石和浅滩清晰可见。在岛的四面，只要有足够土壤的地方，就会长出各种各样的灌木和松树。山坡上多岩石的地带还可以看到许多奇特的蕨类植物。

因为船员和村民经常往来，村民们很有礼貌，极少打扰来岸上散步、洗澡或射击的外国人。偶尔会有醉酒的船员闹事，有一两次事态还变得很严重。最近倒没发生过什么事，在岛上蹓跶也是绝对安全和令人愉快的。伶仃岛的东北端，停泊着一队中国帆船，名义上是在缉查非法的鸦片贸易，但实际上只是停在那里摆个样子，眼睁睁地看着外国鸦片贩子频繁地从船上运下鸦片，却毫无作为。它们唯一做的就是偶尔追逐一下中国的鸦片贩子。这些缉私船的指挥官会定期向广州官府呈文，宣称自己摧毁和击溃了多少名“外国蛮子”。他们常开动船队巡航，船上彩旗飘飘，锣鼓震天。他们如此荒唐地游行一番，接着再虚张声势地演习一阵，就返回原处。之后船上的官员会呈送一封信到广州，吹嘘自己已消灭了用肮脏的毒品来戕害天朝子民的“外国贼子”。

天气很糟糕时，伶仃岛的锚地并不安全。因此强风一起，人们就会把船向东开进一条叫“汲水门”（Cap-sing-moon）的航道，在那里可以完全不受风暴影响。船只需要维修时，也常去“汲水门”。那儿有淡水和其他便利设施，正适合修船。在伶仃附近，渔民们把许多大木桩打进河道的泥里，在上面张挂又沉又长的渔网。船只在黑暗中行驶，有时会撞到这些鱼栅，并严重受创。桩子到处都是，河道情况也时有变化，所以晚上行船时，需小心谨慎并仔细观察四周情况。尽管打桩没有机器可用，渔民有独特的办法，他们用带手把的极沉的大木头，在插进河道的木桩的一头敲打，尽可能深地把木桩打进泥里。潮水涨到最高时，渔民把两艘渔船用粗绳拴在木桩顶部。潮水一下降，船的重量就把木桩往下拉。如此重复两三个潮汐后，木桩就被深深地拉入河床了。除了挂在大木桩上的渔网，伶仃的渔民还用一种捞勺式的小渔网，约18平方英尺大小。网的四角系在4根长杆上，把长杆连同网放入河底，网在水中可以很自由地移动。岸边设有一个抬网装置，装置上有绳子把那4根长杆捆住。放入水面下足够长的时间后，渔网会被提起来。这时，一名男子乘一艘小船到河中，用一根带长竹柄的捞网把鱼给捞出来。这样子捕到的鱼一般很小，也没什么价值。这里的渔民极穷，因而会不惜一切手段来谋生。他们把大量的这种小鱼，几种虾，还有其他一些有壳动物，放在太阳底下的席子上晒干，再拿去市场卖。尽管干鱼干虾臭不可闻，当地人却吃得津津有味。农民也在肥沃的土里种蔬菜和水果。他们也试着引进了椰子树，但因引进的时间不够长，还不好确定引进是否成功。记得在1827年和1828年，有好几棵椰树长在伶仃岛对着锚地的一侧，时日尚短但枝繁叶茂。当年它们只有6—7英尺高，种在避风处，长势看起来不错。

人们还从岸边的几眼泉水里汲取大量的水，源源不断地供应锚地的船队。

尊贵的东印度公司有一项规定，暴露了它推卸责任的政策，也清楚地揭示了它的虚伪和闪烁其辞。不用说，在印度种植的大部分鸦片都经东印度公司之手，也在它的直接监管下被公开出售。然而，为了将这种鼓励制造有害毒品的罪名从自己身上转到普通鸦片商身上，他们禁止公司的船带鸦片去伶仃，也不许它们在伶仃靠岸，或与那里的鸦片船队有任何联系。[1]

① 参见《广州纪事报》（*The Canton Register*）上的政府公告。——作者注

龙穴 / 异石之说

“龙穴”（Lan-Keet）之名来自于一块异石，这块石头上有一大孔，人们突发奇想称之为“龙眼”。龙穴位于珠江入口，在虎门的下方。若沿江而上，它就在河流的左岸。从龙穴延伸出一大块平地，大部分是湿的，水位很低，被称为“龙穴洲”（Lan-keet flat）。这里岸边的岩石上刻满了文字，是到过此处的欧洲人留下的。

穿鼻 / 外国军舰下锚地

穿鼻位于虎门对岸，在它下方几英里处。外国军舰得在穿鼻下锚，因为中国人禁止它们再沿珠江往上行驶。这些军舰一点也没把当地人的蛮横放在眼里，就像“亚哱士地”（Alceste）[①]号事件所表明的一样：如果预料到对方咄咄逼人的行为会因此而消停的话，采取坚定的立场总是好的。自穿鼻始，珠江沿岸风景变得旖旎，展现出一派中国的独特风情。

① 英国皇家海军战船。嘉庆二十一年（1816）2月，威廉·皮特·阿美士德勋爵（William Pitt Lord Amherst）率团访华，因礼节争议未能面见嘉庆帝，11月返回广东，因清朝官员不准其入虎门海面躲风而炮击虎门。——译者注

虎门 / 脆弱的炮台

在穿鼻的上方，经过主海峡狭窄部分的通道，被中国人称为“虎门”。葡萄牙人称之为“Bocca Tigre”或“Bocca Tigris”，即“虎口”。虎门的军事位置极佳，只要防御得当，外国船只是无法通过的。这里的河流两岸是高山，本来是可以在山顶修建牢不可破的防御工事的，但由于当地人顽固不化，硬是把炮台修在了山边临水处，这样就使得炮台暴露无遗，只能任由对方近距离平射。对士兵们而言，除了爬到身后陡峭的山上，也无处可退。没能射中炮台的炮弹，必定会飞到山上，因为这种最不济事的设置，加上本地士兵对炮台的认识不足，可能一艘小炮舰无需冒什么风险，就可以攻破这条通道。当年“亚嘘士地”号和岸边炮台的战斗，不过是一场闹剧而已，因为中国士兵根本不可能坚守在大炮前，当时官兵们都陷入了慌乱和沮丧中。这也可以证明下面这种说法的错误，即当地人虽缺乏勇气，但人数众多，所以入侵中国将会是一件极其冒失且绝对致命的事情。相反，人们将发现，他们人数众多，必然容易使局面变得混乱，从而让自己遭受灭顶之灾。恐慌一起，士兵们将会因争先恐后撤退而相互践踏，人多也就成了灾难。我确信，每个不带偏见、到中国旅行过的人都会赞同，要说服当地士兵去抵挡指挥有方、训练有素的美国或欧洲军队的第二轮进攻，将会是徒劳无功的。

虎门的第一座炮台建在一个叫横档（Wang-tong）的小岛上，引水员在这里登岸交付许可证，以让船只通行。另外两座大炮台是“镇远”（Ananhoy）和“威远”（Anunghoy），它们都因“亚嘑士地”号事件而闻名。虎门炮台位于江道左侧的山脚下，这座山实际上是一块巨大的花岗岩，约300英尺高，上面长满了短草。只要山顶能找到水源，在它上面设哨点是无懈可击的。但山顶的绝佳位置似乎并没能打动中国人，他们认为任何加强防御的措施都是不可能和自以为是的主张。镇远炮台的炮显然是用来发射12磅炮弹的，总共有三四十门。炮盖上漆着狰狞的老虎头像，用来震慑敌人。炮台用花岗岩建造而成，上面修有一堵打着孔的高墙。这些孔几乎都不反光，里面呈斜角，可以让大炮在孔里小幅地横向移动。大炮后面是官房、旗杆室和兵房，完全暴露在高大兵舰的射程之内，也可以被高处的炮火完全控制。炮台下方，通常停泊着一队战舰，许多小巡洋舰也不停地在岛后的各个水道巡逻，以便让中国船只靠岸，并阻止非法贸易。

蚝墩浅 / 重型船的装货地

沿珠江往上游走，头一个碰到的浅水处，英文称Second Bar，因为它是自广州过来的第二个浅水处。重型船在这里装货，再往前走就没有足够的水深让一艘1200吨或1400吨载满货物的船只航行了。船停靠在蚝墩浅下方不远处，通常也在最靠近珠江西岸的地方。附近值得一提的有蚝墩村，位于船停靠点的对岸更上游的位置。西岸有座高而陡的山，上面长满郁郁葱葱的树和灌木。山顶上矗立着一座9层高的大宝塔，还有一处古代防御设施的遗迹。这块地是某个行商的产业，外国人可上岸打猎或散步，不被打扰。山顶的风景秀丽，往珠江上下纵目望去，可以望得很远。山高出水面几百英尺，在十六七英里外从某个角度往山上望，还可以看到宝塔。河流在这里变得非常宽阔，冬季就成了无数野鸟的栖息之地。捕鸟者用网子和诱饵大量捕捉野鸟。野鸭非常多，野雁也不少。天冷时可以看到潜水的鸟、水鸭和其他水鸟成群地吃着浮萍。捕鸟者把这些野禽捉了，关在蒙住的笼子里带到广州和附近的乡镇。在那里，鸟贩子把它们关在黑暗的房间不停地喂食。它们因此变得很肥，也没了腥味或草味。此处的珠江两岸地势平坦，土地几乎全部用来种水稻，所以盛产大米。

大蚝 / 避嫌的停船

由于某种特别的原因，这块浅滩被称为First Bar，而非Second Bar。实际上，它是船只沿珠江上行要遇到的第二个浅滩。大蚝由岩石和沙子构成，这里的河道偏向右岸。小渔船被引水员雇来帮大船导航，标记大船可以安全停留的位置。当通往黄埔的河段挤满了船只时，船队会向下游绵延至离大蚝很近的地方。那时整个场面显得无比欢快和活跃。相反，夏天时，江面上只停着五六艘船，相互之间隔得老远，真是说不出的沉闷。①

大蚝附近有“皇家乔治”（Royal George）号的残骸，它是东印度公司数年前在黄埔被烧的船只之一。在退潮时，还可以看到它的一部分。在珠江北岸有一座海关，许多战舰不时在江上巡逻，以扫荡盗贼。

---

① 官府有一项规定，除非无风或有逆流，中国的帆船或其他船不许与外国商船停泊在一起。即使在这种特殊情况下停在一起了，因为惧怕官员，船与船之间也会避免交流。——作者注

竹园 / 竹子的妙用

沿着珠江两岸，许多地方都可以看到一片片经济植物。有时候，一大片土地全部被用来种竹子。这里的竹子更多还是来自邻省，特别是浙江①。竹子被载在巨大的筏子上，沿江而下，撑筏子的人就住在上面。他们驾驭筏子的技术可谓高超娴熟，筏子经过珠江狭窄而拥挤的河道时，极少有事故发生。竹子底端直径一般为12英寸，有时会大些；它们一节节往上长，直到顶端。竹子很少会长得特别直，用火来烤竹节，就可以把它烤直。船上用的竹子在竹节处都被烤焦了。这样子烤出来的竹子特别直，但并不会影响它的强度和韧性。竹子被用来制作需要有极大韧性的物件，也被用来做最简单的玩具。实际上，其用途十分广泛，造房屋的脚手架、房子本身、各式家具，还有网、篮子、帽子、纸和垫子等，都可以用竹子来做。众所周知，竹笋能用来做泡菜、酱菜和素菜。竹子也可入药，以及用来制箭镞和其他武器。人们把大的竹节捆在坐船的孩童背上，万一他们落水，竹节就成了救生的漂浮物。他们还用竹子做杯子和笔筒。我就见过一些

① 原文如此，但浙江并不与广东相邻。——译者注

极其精致的竹杯和笔筒。它们都是由单个大竹节做成的，底部封合，装饰得奇巧玲珑。竹节外面刻有浮雕，凹凸有致，里边光滑无比。因为竹性柔韧，雕出的作品比我们经常带到这个国家来的牙雕还要精美，它们的价钱往往也很划算。

人们还把竹子削成薄片，编成雅致的翠竹屏风，点缀格言警句的屏风在广州多有出售。制作这种精妙的竹饰品很费时间，尽管劳动力低廉，它们的价格往往还是相当昂贵。屏风上除了点缀自己特别喜爱的格言警句，中国人偶尔也用花草和动物图案来作装饰。

在花园和避暑山庄，栅栏、棚架和屏风很是常见。它们大多由紫竹搭建而成，看起来整洁而雅致，极具品位。

竹子作为一种刑具则让人恐惧。它通常被用作轻罪的惩罚。县太爷如果觉得鞭挞太严厉，就让衙役用竹板替代。因此，“挨竹板”成了笞刑的代名词。

黄埔 / 外国商船林立

外国船只的停泊处在珠江的一条支流上，其北部是岸边仓库岛，即黄埔岛，南部是丹麦人岛及法国人岛。珠江的这一段被称为黄埔江段。在贸易季，河道里樯橹林立，有美国船、英国东印度公司的船，港脚船[①]，法国人和丹麦人的船等，绵延超过2英里。葡萄牙人不在其列，因为按规定他们不能沿江而上，但有时他们会挂英国旗帜来逃避这项法规。江道很窄，非常拥挤，很少有中国帆船在里边航行。中国帆船常通过一条叫“沙船江”（Junk River）的平行的支流去黄埔北部。因潮汐很强，秋天暴风雨又频繁，这些船只每每以“旋转式”停泊，即一只锚固定在河流上方，另一只固定在河流下方。尽管如此，它们偶尔仍会被山上来的猛烈阵风吹离停泊地。河滩的泥土松软，所以很少发生严重的事故。涨潮时只要稍稍拉一下，船就能重新入水了。沿着河段上行，右岸是一个大岛，中国人把它叫作“黄埔”[②]，岛上有一个

① 港脚指鸦片战争前英属的印度各商埠码头，或当时不属于英国东印度公司的在广州从事贸易的英国和印度商人。这些商人进行的私人贸易，被称为港脚贸易。他们拥有的在中印之间运货的商船，则被称为港脚船。——译者注

② 黄埔，即黄色锚地。——作者注

东印度公司的船“威廉·费尔利”（油画）。威廉·约翰·哈金斯，1823年。美国弗吉尼亚海员博物馆藏

围以城墙的小镇——也叫“黄埔”，还有如城郊一样的大片船坞，以及买办的府邸等。这个岛主要是从江滩上开垦出来的，岛上散布着大量甘蔗、水稻和蔬菜的种植园。当地最好的橘子有些就来自宝塔旁边的橘林。

黄埔镇规模不错，从很远的地方望过去，就可以看到不计其数的大房子。有些据说是常平仓，也就是官方的大米储存地。政府每年都会买米存于此处以备饥荒——要知道在人口众多的地区，饥荒是极可怕的。从树的上方望去，可以看到许多官员的宅邸和庙宇里的旗杆。离黄埔镇不远的地方，有一排小山丘，上面是墓地，其中有一些极为豪华的坟墓。

外国人被禁止进入这个围着城墙的小镇，他们也很少有兴趣去考察肮脏的郊区。当地人的无礼也是这些访客避而远之的原因。如果没有一个有身份的中国人陪同，外国人在大街上行走是不安全的。黄埔岸边最引人注目的建筑是一座塔，为广州附近最大的塔之一。它有9层高，年代极为久远，因而塔的外表也未留下什么装饰。塔身如今仍立在那儿，爬满藤蔓。这些植物从每层塔檐的裂缝里长出来，绿意盎然。塔上面残留着一个圆形的顶，几乎有一层塔那么高。因为这座塔距江岸还有一定距离，我从未走近过它。外国人去参观宝塔时经常会被当地人扔小石子——这也是他们惯用的骚扰过往船只的方式。只要船上有外国人，他们就会出言辱骂并同时做出手势，特别是斩首的手势。斩首在中国人眼中是最不光彩的一种惩罚方式。

长洲岛 / 丹麦人岛

黄埔岛的东边和东南方向有两个岛屿，下方的岛叫“丹麦人岛”①，此名源于它是丹麦水手的埋葬地，也是丹麦船上的船员可以上岸娱乐的地方。上方的岛是“法国人岛”，亦得名于对法国人的类似安排。为了避免争吵和麻烦事，不同国家的水手被分开安排在不同的地方。当水手们被岸上的中国人灌醉时，争执和麻烦总是难免的。

丹麦人岛的山上长满了松树。岛上的山谷里耕作得很好，许多地方的高地和山坡也都开了梯田来种农作物。英国水手和印度水手的坟墓大多都在此岛上。这里还可以看到一些豪华的中国人的坟墓，常会有陌生人来祭拜。除非故意激怒他们，与村民们打交道很少会遇到麻烦。也常有鲁莽的人挑起争斗，所以上岸还是要小心。我只经历过一次带敌意的骚扰，那是有人老远就向我们这一队人扔小石子，倒是没人受伤。我曾好几次整个上午都在那里打猎，只有一个小男孩陪伴，并没有被人打扰。可以看出，村民的文明程度与他们住处离城镇的距离是成正比的。我们发现，极少有外国人去

---

① 作者描述似有误。19世纪前期，黄埔岛东部有“丹麦人岛”，东南方向有“法国人岛”，所以“丹麦人岛”应在上方。——译者注

的地方的居民，比之经常能看到欧洲人的地方的居民，更能接纳外国人。他们没那么无礼，而是显得更为好奇。当地人的胆怯常使外国人肆意妄为，导致这个民族往往会十分憎恨外国人。

在珠江的航线图上，黄埔岛被称为“岸边仓库岛”。这是由于以前洋商的船只经常把货物和桅杆存到这里的岸边仓库，也就是出租给他们的临时仓库。人们已经许久不这么做了，现在桅杆、备用的圆木桶等都被送到买办在黄埔的房子里由他们照看。

堤岸上种有香蕉树、荔枝树、桃树和其他树木。与我们国家一样，江水的进出也是由水闸控制的。

江堤、沟渠或树篱把一块块属于不同主人的土地隔开。在需要时，花岗岩地标或其他石头被用来标记每块土地的范围。沿着珠江两岸，可以看到大草地上立有不少这样的地标，上面镌刻着短短的铭文。

深井岛 / 法国人岛

法国人岛上可以看到在广州或黄埔去世的绅士的坟墓，和我们自己的建得一样。墓碑上刻着颂扬的铭文。一些年代久远的丹麦人和荷兰人的墓也在这里，还有美国水手的墓。中国人喜欢被葬在高地，因此墓地的价格是由它在山上的高度决定的。若洋船上有人过世，买办会被告知。买办会帮忙购买墓地，提供棺材。逝者的遗体由洋船带的小船运到岸边，葬礼有时由船上的官员来主持。如果有船长或官员去世，从其他船过来的小船则会来送葬，许多广州的居民也常会参加。

岛上土地的耕种情况和附近岛上的差不多。土壤含沙量很大，很适合种红薯、山药等。芋头是一种不错的蔬菜，它在桑威奇群岛（Sandwich Islands）[①]被大量种植，这里也到处都是。芋头需要潮湿的土壤，还要被精心照顾才长得好。芋头的根是可食部分，像山药，但更糯。荔枝树是一种常青植物，与苹果树一般大，在这里很常见，它在春天结果，非

① 英国海军上校詹姆斯·库克（James Cook）在1778年发现夏威夷群岛时对其使用的名称，是为纪念他的上司兼资助者、时任英国第一海军大臣的第四代桑威奇伯爵。19世纪晚期之后，该名称逐渐不再被广泛采用。——译者注

常水灵爽口。荔枝被大量风干保存。龙眼、黄皮、香蕉和橘子也盛产于此，美味而便宜。装满了水果的船只每天在大船之间划来划去，随时给船上的人提供新鲜而干净的水果。可能由于种植不当，这里的桃子长得差，个小且熟得不透，味道很差。岛上也长有一些棕榈树，叶子被用来做扇子。此外，岛上还种植了大量甘蔗。

河里的水产种类繁多，黄埔镇的上方就有一家河蚌渔场。捞蚌的船上一般有好几个人工作。这种船可以成双行动，缓缓前行，捞斗贴着河底移动，捞斗升起时，河水冲走泥巴，河蚌倒入船底，堆成一堆。河蚌是下层人民的主食，做法很多。蚌壳也被烧成优质的石灰。蚌壳的直径很少会长于1英寸，表面又皱又黑，里边常带一种蓝色。蚌肉非常柔软，但寡淡无味。[①]偶尔还可以挖到尺寸大些的有壳类品种。[②]人们也捕捉一种奇异的两栖鱼，叫虾虎鱼。它在泥地里很常见，喜欢四处爬行，看起来像蜥蜴，以至于最初也被人错当成蜥蜴。退潮时，女人和孩子们蹚过淤泥和水捉虾虎鱼。他们身后系着篮子，专门用来装捉到的鱼。这种鱼的味道还可以，但是烹制它们的残酷方法足以让人倒胃口——一律活炸。

---

① 据博物学者所著的书，Cyrena中文意为“蚬属”。——作者注

② 据Isaac Lea等人所写的有关Symphynota bi-alata（蚌名）的文章，出自《美国哲学会学报》（*Transactions of the American Philosophical Society*）。——作者注 *Isaac Lea（1792—1886），美国鸟类学家、地质学家和出版商，发表有多种关于动物物种、地质和地理的文章和著作。——译者注

琶洲塔和浩官炮台 / 珠江岸边的塔

溯江而上，在从黄埔到广州的半途中，可以看到珠江江岸右边矗立着一座9层高的塔。塔立在一条窄窄的运河边上的小土丘上。运河穿过这里的一个岛屿，是为了方便船只通行而开凿的。此塔堪称中国古建筑的典范，可能比黄埔的塔还要残破。它剥落的塔檐上有一棵树长得正茂盛，比黄埔宝塔上的那棵还大。塔被耕地环绕，周围还有农舍和糖厂。运河上成群的船只形成了一座相当大的水上村庄。这条水道有时被从大船上下来的小船使用，但在退潮时是无法通行的。小船搁浅的后果是，它们常会遭到岸上人用泥巴和石头攻击。在珠江的主支流上，屹立着一座四方形的花岗岩炮台。它可以阻挡从某些方向来的船只，但却不明智地建在了一个不安全的地基上。据说，这座炮台是在“亚嘘士地”号事件后，由总督下令，行商浩官出资修建的。1817年，我们的船只“亚嘘士地”号与中国人发生冲突，当时的船长为麦士威（Maxwell）。随后在返回欧洲途中，“亚嘘士地”号在海峡失事，而上届使团[①]的成员正好在船上。

① 指阿美士德勋爵带领的使团。——译者注

靠近广州 / 热闹的水上人家

沿珠江而上，一位初来乍到者会被周围的风景迷住，这景色在其他国家是见不着的。岸上绮丽的景致和茂密的植物，让刚从洋船禁锢中逃离出来的人无比的心旷神怡。再加之看上去重重叠叠的船只，各式各样的工艺品，这非凡的景象与水上人家交融在一起，让人感到愉快而惊讶。无数艘船停泊在长长的水道上，相互之间并不干扰。一支支船队朝不同方向移动，却丝毫也不混乱。四处都可以看到做生意的喧嚣忙碌——盐船将盐卸到运河船上，满载着木头的船只从内陆过来，巨大的竹筏和木排顺流而下。这些筏子仅由几个可怜人撑着，他们就住在筏子上的小木棚里，或是住在系于筏子后面的小船里。海关巡逻船在江面游弋，船身上漆着鲜亮的颜色。船上的人用茅棚遮阳挡雨，一面绣着红字的白色大三角旗在船尾飘扬，船头伸出一门炮口系着红饰带的大炮。成千上万的小渡船挤满了江面，船上载满各色人等。只见一艘船上有10来个苦力和劳工，另一艘船上有两个中国美女，她们坐在船舱地面的干净垫子上，吞云吐雾地吸着鸦片，沉溺其中。她们的头靠着别具一格的竹枕，嘴里叼着烟枪，睁着一双懒散的眼，似乎对周围热闹的景象视若无睹，又或是她们正凝视着船舱里一幅屏风上的美人，画上美人指甲有6英寸长。四五百吨级甚至更大的巨型帆船停泊在江上，船身华丽地装饰着想象中的龙。龙身漆彩贴金，还有一些华丽的装饰。船头两侧各漆着一只硕大的龙眼，据说这是为了让船能看清自己航行的方向。白日的喧嚣逐渐沉寂下来，晚上又响起了巨大的声响，像是一千面锣发出的。人们在船上烧纸发出炫目的光。船上的人点燃这些纸，把它们投入江中。[①] 燃烧着的纸在夜里发出炙热和耀眼的光，这是人们对神的献祭。他们反复烧纸，整个江面看上去火光一片。直至更晚时，这种景象才被船工的叫喊声以及镇上女人居住的花船上传来的各式音乐声打断。各式船只数不胜数，布置得五花八门，不论美国人还是欧洲人看了都目瞪口呆。只有在中国生活久了，外国人才会对这充满欢乐和活力的情景司空见惯——这情景随着船在江面流动，似乎永不停歇。

刚好在城郊地区的边缘外围，在一条叫盐水河的支流里有一大片捕鱼桩。盐水河是主干流受一大岛拦阻而分流出来的。捕鱼桩向河面延伸，阻塞了整个河道。这些捕鱼桩上面挂着长长的渔网，平排成行。人们在潮汐的特定时节把网放到水底。不用网时，则用绳子把它们拉起晾干。一些小船停泊在渔网附近，渔民就住在小船上。这样捕的鱼个头小但量特别大，它们是疍民赖以为生的主食。退潮时，会有许多小

①这个仪式不能不写，它在广州的英式汉语俚语里被称为“Chin-Chin Jos”（请神），意思是向神献祭，以求保佑。“Chin-Chin”是“Tsing-Tsing”的变体，为表达客气的词，如“Tsing tso”（请坐）。“Jos”是葡萄牙语“Dios”（上帝）的发音。——作者注

鱼被埋在淤泥里。潮退后，河面水位变低，河滩变得干燥，可以看到许多女人和孩子蹚过膝盖深的泥巴，沿着河岸专心寻找鱼虾。他们身后系着柳条筐，一捡到鱼虾，就把它们扔进筐里。河滩虾的数量很多，人们大量捕虾并以此为生。渔民使用一种让虾易进难逃的竹篮捕虾。他们把四五十只这样的竹篮系在一根绳上，放入河中。每15或20分钟把绳子拉起来一次，篮子里一般都装满了大只肥美的虾。那些咸水里捕的虾会放在太阳下晒干，在淡水里捕的虾则一般会留在广州卖。

河堤上摆着大杉木桶，渔民们把网放到里边染成深棕色，既为了使渔网更难被鱼发觉，也为了防止渔网迅速腐烂。小船多撒网捕鱼，渔民们还用一种有点像我们的鳗笼一样的篮子捕鱼。涨潮时可以看到河滩上有水的地方围着栅栏，是用一种很粗糙的竹篱笆做的。退潮时，水从栅栏流走，鱼就被圈在了里边。

左图：渔民，右图：捕鱼人（乔治·亨利·梅森，《中国服饰》。George Henry Mason，*The Costume of China*，1800）

撒网艇。英国维多利亚和艾尔伯特博物馆藏

大罟渔船。英国维多利亚和艾尔伯特博物馆藏

傻瓜炮台 / 离奇的故事

珠江上有两个炮台，一个靠近商馆，另一个位于广州地势较低的那端。基于某些荒唐没来由的传统，它们被称为“荷兰傻瓜炮台”（Dutch Follies）和“法国傻瓜炮台”（French Follies）。我认为这个有关荷兰傻瓜炮台的故事真是毫无根据，故事是这样的：以前，荷兰人有一支庞大的舰队停在黄埔，船上有许多病人，他们向中国政府提出申请并被批准下船建造了这个建筑来安置船上的病人。修建中，荷兰人动了坏心思，将医院同时建成了一个防御基地。他们把炮藏在大桶里运进来，并谎称里面装的是给病人用的药物。不幸的是，有一次当他们从船上吊起其中一个桶时，炮太重把桶盖挤开，探出了头来。他们的计谋因而暴露。中国人大为震惊，他们称大炮真是“古怪的药品”，立即把这些外国人送回了他们自己的船只，同时把医院变成了一个普通的炮台，直至今日。我从来没有听说过法国傻瓜炮台的故事，也就不知道它名字的来由。

荷兰傻瓜炮台呈椭圆形，建在珠江一个面积很小的岛上。小岛靠近北岸，与北岸隔一条窄窄的水道，水道里经常挤满了船只。自炮台处始，一连串岩石穿过江面，使南边的水道变得极为狭窄，在低水位时难以行船。岩石床向珠江上游延伸，潮退时会变得相当干燥。不少人就在这些岩石上洗衣服。她们用木槌捶打摆放在岩石上的衣服，或者把衣服往岩石上甩打，这样衣服很快就会磨损了。没有帆船会停在比傻瓜炮台更上游的位置。炮台处也是一个普通的锚地，水很深，多艘大型中国帆船就停在这里。它们首尾相连，一行行地尽可能平行排列。这里也是花船的停泊点之一。花船是大型驳船，船上建有房屋式的舱房，雕琢饰金，丝带飘扬，显得奢侈华丽，极为抢眼。大多数花船上住着妓女，她们也像巴黎的妓女一样，需要定期申请“执照”。花船亦可以被租来办欢娱宴会。船宽敞且方便，分成两部分。厨房和船上的人占了船的后部，其他部分则做了一个精致的船舱，里面饰有屏风和灯笼等，布置得满是中国风味。

如今两个傻瓜炮台都处于残破的状态，完全不足以用来防御。它们仅被用作珠江这边的缉私船的汇合之地。石阶自水里始，一直通向炮台的大门或主入口。船只在炮台着陆点脚下下锚。荷兰傻瓜炮台围墙内的地方，长度约为220英尺，宽度为长度的1/3。围墙内有给军官和旗手等人住的军营，还长着几棵古老的、高耸入云的大树。围墙是用砖砌的，底层为石头，墙修在岩石之上。像大多数中国炮台一样，炮眼的盖板上饰有面目狰狞的老虎头。比之荷兰傻瓜炮台，法国傻瓜炮台要小不少。两个炮台外表上看起来差不多，主要区别在于法国傻瓜炮台是圆形的，而荷兰傻瓜炮台是椭圆形的。

老矩艇。英国维多利亚和艾尔伯特博物馆藏

沙姑艇。英国维多利亚和艾尔伯特博物馆藏

稻田 / 背着婴儿种地的女人

虎门和广州之间的岛屿，大部分地势平坦，偶尔也有高耸陡峭的山。除了有堤坝护着的地方，每次春潮时，这些岛屿地带都会被水淹。它们却极适合种水稻，也大多被用来种了水稻。农民用水牛拉着极简陋的犁耕地，再用锄头松土，为插秧做准备。犁是最原始的农具，有时不过是由3片木板极笨拙地连在一起。锄头也很奇特，把手是用硬木做的，非常长，一端套着铁刃。这个长锄把手有助于掘地时用力。

不分男女老幼，人们都下地干活。到处可以看到女人在泥地里劳作。她们干活时把宽大的裤脚卷得高到不能再高，在炎热的天气里，每人身后背着一个婴儿。她们每动一下，那可怜的婴儿的头就会摇晃一下，这显然可能伤到孩子的脖子。你也可以看到其他人忙着种稻。稻种先撒播在秧田里，当它们长到5或6英寸高时，会被拔出来，按一定的间距插种在大田里，一直长到成熟。每个人都有帮忙插秧。我看到一个8或10岁的孩子快速地重复着插秧的动作，觉得真不可思议。插秧是个累人的活，这些孩子来回忙碌着，身子会弯到接近地面。他们用一只手抓着一把秧，另一只手把秧苗分成一簇簇插进水田的烂泥中。

农民在这些湿软的田里每年种两季稻。尽管水稻产量很高，官府还是担心会出现粮食不足，因而鼓励从马尼拉和其他地方进口大米。这边的稻米质量不错，但不如马尼拉的。中国的旱稻与马尼拉的水稻最相似，但种得非常少。

这些田地由地主租给农民耕种，按年收租。我并不清楚它们每年的租金。实际上，在回答外国人的问题时，这里的人总是在隐瞒或逃避着什么，使得几乎不可能清楚他们之间私人协议的条款。

船坞 / 船舶修理

广州郊区地势低的地段在珠江南边，是战舰驻留之地和朝廷的船坞。英国的船只在这里的干船坞进行维修，新的船也在它里边建造。在修造这些船坞时，几乎没人注意它们的外观。他们只是简单地挖一下选定的用来建船坞的地，把朝向河流的一面修得很坚固，以防进水。船坞有时会漏，下大雨时尤其厉害。人们用水泵和水桶把水从船坞泄漏处排出去。帆船就是在这些船坞里修造的。新造的船准备下水时，隔开船和河流的屏障会被拆除，然后通常由造船的人将船拖下水。

与我们不同的是，中国人在造船时并不使用造船架。在这我还要说明的是，以上描述只适用于在广州造的船只，中国其他地方的造船习惯可能会有一些不同。在修理船因小事故造成的损伤时，人们会把它放在高水位，等退潮后船变干，再对它进行修理。如果人们要在帆船底部漆一层用来代替铜的新漆，或清理掉船底附着的甲壳动物或海藻等东西时，也会这样操作。

商馆 / 东印度公司的驻地

广州的外国商馆（油画）。作者未知，1805年。英国皮博迪·埃塞克斯博物馆藏

对中国尤其是广州的记载之歪曲程度简直让人难以想象。如今有比以往更多的人访问这个城市，我们也期望能从他们那里得到准确而理智的信息。

人们头脑中有不少错误的印象，其中有一条与英国东印度公司的影响力和重要性有关。许多人认为东印度公司的商馆是唯一的，或者说，所有的商馆都是这个公司的，而其他与广州有来往的国家都受这个垄断机构的保护和控制。这家尊贵的公司试图在所有场合，都染指居住在广州的外国人的任何有利可图或有潜力的生意。由于它不正当的干涉和自以为是的优越感，东印度公司已经在其影响力能触及的所有领域，都遭到了人们的反感和嫌弃——就像一个专制和暴虐的政府一样。商馆各成员作为一个整体的一致性，使他们能够执行一些措施，而这些措施正是基于各方之间的无条件合作。这种合作在美国人和其他人之间是不可能的，因为各方之间有许多利益冲突，也就难以达成一致的措施——这种措施给他们带来的好处并不均等。与懦弱的中国人打交道，东印度公司顺风顺水，这使得它对1827—1828年的美国贸易也大加干涉。但幸运的是，我们成功地打破了他们的企图，他们可能不会再来骚扰我们。用美国船只大量运输英国货物到中国，对东印度公司在中国的贸易造成了重大的损害。当他们发现阻止美国人从英国出口货物到中国不切实际时，他们决定通过自己在广州的势力来影响美国人的销售，并以此来挫败美国人。这种争议已经公开化，我不会在此展开讨论，因为它与我们的主题不直接相关。

从下面的描述可以看出，东印度公司的商馆只占了商馆的一小部分，它的控制范围也仅限于其成员所拥有的商馆。

居住在广州的外国人占有的商馆，连成了一排，长八九百步。商馆一直延伸到后面的一个十字路口，距路口400—600英尺不等。它们平行排列，彼此相对，其四周的通道就像是一条条小街。商馆区入口处的房子是横向的，朝南面对着一个大广场。1822年的大火前，这个地方的中心部分是被栏杆围着的。火灾后重建商馆时，没有更换新栏杆，所以现在整个广场是完全开放的。没有了围栏，这块空地就成了个大麻烦。除了有一个让人生厌的中国市场，它还是附近所有闲散男子和男童的聚合点，也是各种变戏法的、江湖郎中、理发匠、小偷和形形色色的流浪汉大展身手的地方。商馆被焚烧后留下的砖块和垃圾，形成了一堆让人反感的泥巴和垃圾。几年来，这里逐渐聚集了不少捡垃圾的。后来，这块地方被认为有损市容，当地居民要求官府把它移除。慢慢地，情况变得更糟，广场也受到了更严重的侵占。捡破烂的人每日把从猪巷（Hog Lane）和靖远街（Old China Street）肮脏地段带来的各种脏东西都堆在这里。经过多次恳求后，居民们的请愿书被官府接受，那堆脏东西于1828年被移走了。居民们于是准备再把广场围起来，饰以灌木，为那些被限制于此的外国人提供一个愉快的散步场所。

东印度公司在珠江的木桩上修了长石墩，并在石墩上面铺盖宽阔的花岗岩板。他们想把它一直往前修，使花岗岩板与前面提到的由垃圾堆成的人造地面齐平。他们还在花岗岩板上放土，使公司修的花园继续延伸下去。中国政府一开始允许了这项工程的进行，直至工程进行至一半时，他们在旁边建了一堵墙加以阻止。他们说这样做的原因是，继续修下去是对河流的非法侵占，且这里河道狭窄、水流湍急。一位粤海关官员接受了一大笔钱，把海关的房子搬到离水边更近的地方。为这些官员们精心修建的新房子整洁而方便，当他们舒服地在里面安定下来后，级别更高的官员下来考察，把新房子夷为平地，迫使他们返回以前的站点，但绝口不提还那笔钱的事。从这些事情明显可以看出，官府是决意不让外国人住得舒适的。修花园的事就这样中止了，得等到当地官员对外国人态度更友好并能提供保证时才能继续进行。

商馆面向珠江，朝着广州南边。每个商馆的入口设有一扇牢固的铁门，由专人把守。门房要防止当地人擅入，他可不得闲，因为当地人不停地在附近游荡。一些靠江的房子前有一小块围起来的庭院，可以防止闲人靠在房子的墙上，庭院也常被用来晾衣服。

第一家也是最东边的商馆坐落在一条小溪边，小溪蜿蜒而入广州城，因此这家商馆被称为小溪馆（Creek Factory）①。与小溪馆相邻的是荷兰馆②，它最前边的房子为荷兰东印度公司所有。与荷兰馆连在一起的是英国的新馆，它的第一座房子极宽敞，里面有大厅、小教堂等。英国新馆的正面采用漂亮的门廊阳台装饰，外观宏伟而精致。荷兰馆的阳台不过是对英国新馆粗陋的模仿，品位实在很差。最近，荷兰东印度公司商馆的顶上又修了一个露台，这使得荷

---

①即“义和行”。——译者注

②即“集义行”。——译者注

兰馆更难看了。不过，露台的高度不错，是秋天傍晚的热浪中一处赏心悦目的乘凉地。

炒炒馆（Chow-Chow hong）[①]主要由巴斯人（Parsees）[②]、摩尔人和阿拉伯人居住，与英国馆隔着一条名叫“行街”（Hong Lane）的窄街，其中文名为新豆栏街（Tow-Lan）。此地极脏极臭，有着最低档的店铺，还有公共的阴沟[③]，这使它的名字顺理成章地从“行街”变成了臭名昭著的“猪巷”[④]。

炒炒馆旁边是旧英国馆[⑤]，里面住的全是东印度公司的成员。与旧英国馆相邻的瑞典馆[⑥]如今全租给了美国人。帝国馆，又叫奥地利馆[⑦]，仍旧保留它原来的名称，尽管其生意几乎已完全中断。这些商馆里住着各式各样的人，宝顺（Pow-soon）馆[⑧]也不例外。万源（Man-yune）行与美国馆[⑨]相连，是中国街东边的最后一个商馆。中国街有20或22英尺宽，全被做生意的占据。较之行商的生意，这条街上的商人做的生意小多了。

---

①即“丰泰行”，又名“巴斯行”。——译者注

②巴斯人是为了逃避穆斯林的迫害而从波斯移居印度的琐罗亚斯德教徒的后裔。鸦片战争前已有巴斯人到广州经商。——译者注

③指西濠。——译者注

④hong（行）和hog（猪）形似。——译者注

⑤即“隆顺行”。——译者注

⑥即“瑞行”。——译者注

⑦即“孖鹰行”。——译者注

⑧即“宝顺行”。——译者注

⑨即“广源行”。——译者注

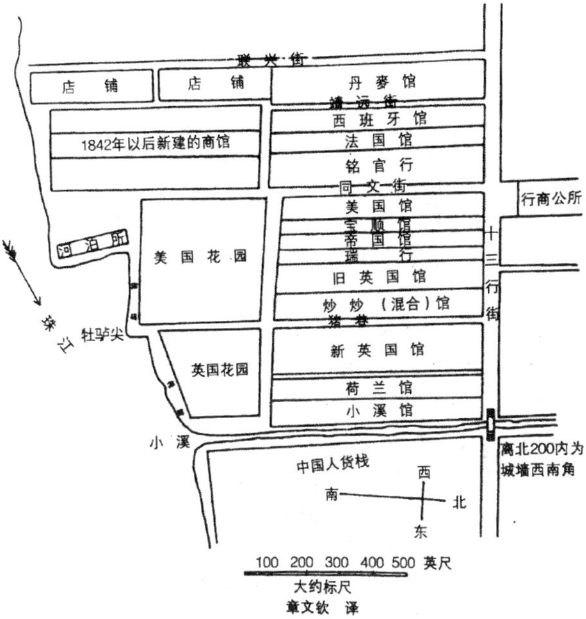

广州商馆图，据皇家海军司令巴特的测量图绘制，1856年12月29日，图取自[美]亨特著，冯树铁、沈正邦译：《广州番鬼录 旧中国札记》，广东人民出版社2009年版

中国街街头的对面是行商章官[①]的房子。紧临着它的是法兰西馆[②]，在贸易季被出租给不同的住户和访客。西班牙馆[③]是一家小商馆，位于法国馆和以商人潘启官命名的街道之间。这一排商馆以位于街道另一边的丹麦馆[④]为终点。

① 指行商刘德章。——译者注

② 即“高公行”。——译者注

③ 即“大吕宋行”。——译者注

④ 即“黄旗行”。——译者注

以上是对1829年3月时的商馆的描述，当时预计会对商馆进行好几项改进，而有的可能在本书完成前也已完工。中国人的妒忌，以及他们对外国人在中国永久立足的恐惧，将使其强烈反对外国人的任何额外建筑或便利措施。在任何情况下他们都不会赞成可能会使外国人的生活更舒适的安排。

商馆的内部结构与我们自己房屋的内部结构很相似，只是多了专门用于存放商品的大房间。正如在孟加拉语中一样，这些大房间被称为“下房”。货物被存放于大房间里的木架或枕木上，高出地面几英寸。支撑的架子周围撒有稻糠、焦油或生石灰，用来防御破坏性极强的白蚁。这些昆虫不会爬过这几样东西，因此大致上可以保证货物安全，尽管房间还是需要经常通风和检查。

许多商馆的前部设有走廊，这是一种有威尼斯式软百叶帘遮阳的阳台。多数商馆屋顶上有露台，在9、10月炎热的夜晚，它们是极佳的休闲场所。乘凉时露台上会有茶点饮料供应，商人们可以愉快地在这消遣几小时。而商馆那种炎热和气闷的感觉简直让人无法忍受。

夏天吃饭时，挂在天花板上的大风扇会在桌子上方不停地转动。这种风扇是把印花平纹细布绷紧在木框上做成的。风扇连着一根绳子穿过墙壁，由一位仆人在隔壁房间里不停地拉动，这样可以使空气流动从而让人觉得舒适，也可以吹走各种虫子。奇怪的是，最讨人厌的苍蝇，在那里却极少见，也从不骚扰我们。尽管这里每条街上堆着让人恶心的脏东西，我们却极少看到苍蝇。即使它们在房子里，也从不滋扰我们。[①]

相对来说，这里的冬天非常温和，寒冷的时间也不长。人们用煤炉来取暖，还把中国煤和英国煤混在一块烧，生成的火既舒服，又好打理。我看到的中国煤很像经销商所说的小煤块，但似乎含更多硫磺。

中国律法不允许外国人在中国拥有任何房产，所有商馆名义上是行商的财产，而实际上是属于住在里面的外商的。一般如此，但也有例外——房屋实际上为中国人拥有，由住户付租金。

商馆的地是填河而成。这些房子建在木桩上，潮水会向上流入下水道，而下水道和商馆一样长。

商馆墙壁上砌着白灰泥，从江面上看过来，房子显得整洁美观。像本地人的房子一样，大多商馆的房顶盖有瓦片。只有一些极小的本地房子的屋顶铺着稻草，或盖着树皮，以及干蒲葵叶。秋季降雨猛烈，这样的屋顶看起来不太能保护房子，但实际上却非常管用。值得一提的是，它们还特别便宜，对于极节俭的中国人来说，这绝非小事。

建房子的砖头用一种砂质黏土制成，烧制后变成深灰色，易碎而不耐用。广东盛产一种优质的花岗岩，被广泛用来建地基和地下室。它颗粒细密，颜色也不错，暴露在空气中后会变得很坚硬。

白扁柏被用来做托梁和地板等，但因为极软，并不讨

① 虽然没有苍蝇，却有数以百万计的最爱咬人的蚊子。忍耐加上土布靴是唯一管用的防蚊办法。——作者注

人喜欢，人们有时用柚木来代替。但柚木非常贵，且难以加工，只能偶尔用之。工匠们在做装饰工程时会使用各种各样的硬木，他们在这方面的手艺不如我们的工匠，但他们房子里的屏风和其他装饰品却新奇和精致百倍。那些雕刻尤其让人叹为观止，不仅漂亮，还极巧妙工整、复杂精细。他们用的木材通常是杉树，或是可以抵御昆虫侵袭的樟树。

一般来说，商馆的耐久性很差，只适合建在广州这样气候温和的地方。商馆及广州南郊的大部分地面是堆积出来的，很难在上面打一个好的地基。一些房子的墙壁出现塌陷，就是土地沉降造成的。

商馆很宽敞，其中有些极大，里面配置着让人住得舒适的必要设施。建筑的费用适中，但整个房子却建得并不用心。建筑商一般会担心，建筑修建得过于结实，经久不衰，这样就失去了重建的机会。

广州城墙 / 城门内外

广州的城墙约40英尺高，是用各种不同的石头建造的。城墙底基非常厚，向上厚度逐渐收缩。城墙顶上筑有城堞，上面还修有一条宽阔的步道。每隔一段距离，就设有城楼，中间开有进出的城门。门洞开得宽而低，呈拱形。厚厚的门上布满铁钉和其他防御设施。通过一扇带边门的外门，很快就会被另一道门拦住。这道门很薄，主要由圆木栅做成，上面随便挂着链子和锁。每座城楼上布有骑兵和步兵，构成一个岗哨。晚上9时，所有城门关闭，依律例任何人不得再进出。这时有人会贿赂守城的士兵，而士兵们会为了一点微不足道的贿赂，玩忽职守，不断地放人入城。1828年间，一位按察使在晚上扮成普通百姓，贿赂守城士兵，在城门关闭后得以顺利入城。由于这一事件，不少城门处的官员被他替换了。因担心被他揭发渎职行为，广州官员请求皇上给他升职，在他们的鼓动下，这位贤良正直的按察使被晋升调去了京城。这是一位最出色的官员，因决断公正而受到人们的尊敬和爱戴，也因公正和廉洁为同僚所憎恨。他告别广州时，广州的官员们表示非常遗憾；然而，如果不是因为害怕而不敢出声的话，他们心中的愤慨一定会表现得更明显。

城墙上砌着一层灰泥，由于年岁久远和意外事故，许多地方已经严重受损。自1067年[①]以来，它就一直屹立于此。

城墙内围着一大片空地。比起郊区的房子，城内的房子更宽敞，里面没那么挤，也更高些。所有官府衙门设在城墙内。以前，官府并没有禁止外国人入城，据说是荷兰人多年来的无节制行径，才导致了如今对外国人的入城禁令。人们对城墙内的情景极是好奇，其实城里并没有什么是城外看不到的。人们想要进城参观的主要原因，不过因为这是被禁止的。

① 文中说1067年为Keayew统治的最后一年，当指宋英宗。据史载，1067年，英宗崩，其子神宗继位。——译者注

帆船 / 商船的构造

中国人在建造防御工事时不讲因地制宜，这大大影响了他们的海防工程。他们的船只过分笨拙，让人看着觉得奇怪，然而我们也不得不惊叹于他们所掌握的完美技艺。中国人造出来的大帆船可谓奇特无比：他们给船加的装饰往往过于华美，又没能准确理解能助船快速安全航行的形状和特征。这些船造得非常弯曲，或者说陡峭，正如船员们所说，它们像巨大的半边月一样坐在水面上。大横梁与船长成比例，笨重的船身上面建有多间舱房，多条木桨从船两侧伸出来，这种种设计，是在阻碍而不是推动船在水中的行进。以上讲的是中国的商船，而非战船。战船在建造时更讲究灵敏快捷，那些商船上使船变形又危害船本身的荒谬的装饰物和附属物，均不用在战船上。除了普通船只和江里的巡逻艇，

帆船

其他船舰隶属于清朝的老式海军。在广州，这些船油漆得很平常，船上极为整洁，从外表就可以识别出来。它们通常被涂上红色和黑色。船上的大炮嵌在未装轮子的架子上或捆在横跨甲板的翼梁上。因此，只有转动船舵使船转向才能使大炮瞄准。

从其他省来的船只的船体与广州的截然不同，帆的剪裁也不一样，所以很容易分辨。船员的样貌和装束也有差异，特别是澳门来的福建船上的人。船帆是用席子做的，有时也会看到用粗布做的中桅帆。商船不允许带炮，唯一可以带的武器为长矛和戟，有时还有剑。商船重量从四五十吨到近千吨不等。船舱建得很安全结实，用隔板一段段依次隔开，分为独立的几部分。如果船漏水，这种设计可以使船免遭沉没，因为水只渗入了船舱的一部分，而舱壁建得很紧密，水不会渗入其他部分。商人有时会雇用一间船舱来存放自己的货物。船员的数量与船的大小是成比例的。最大的帆船之一，去往巴达维亚（Batavia）[①]做生意的那艘，上面就有二三百名船员，有时还会有同样多的乘客。这些船有着巨大的船舵，从船尾突出来，这也是它们的一个显著特征。船在进入浅滩时，可以用绞车把整只船舵吊起来。跟我们的船舵不一样，中国船上的船舵非常宽，舵上有许多小孔，在水里转动时可以减少阻力。几年前，一艘大帆船的船主给他们的船上了一个欧式的舵，对船尾也进行了改造，好让船在海里

---

① 即雅加达，印度尼西亚首都及最大城市。1619年，荷兰攻占雅加达，将它命名为巴达维亚，并定为荷属东印度首都。——译者注

遇到撞击时更安全。为了在既定的造船模式下得到这些改造许可，他们需要从官府购买书面许可，船主为此支付了1200两银子，约等同于1933银元。这笔钱虽然数目很大，但他们很快就发现花有所值。由于船体形状和转向功能得到了改善，这艘大帆船航行几次没有发生过事故。

东部省份的船只

运河和运河船 / 叹为观止的工程

中国的大多数内部贸易是通过运河进行的，有些运河称得上是令人叹为观止的艺术品。我们拥有的关于运河的知识，来自法国耶稣会士的作品，或是后来英国大使馆出的期刊。运河是浩大的工程，除了在中国，在其他任何国家几乎是不可行的。中国有着众多的劳力，他们得到的报酬也微不足道，这使得政府可以执行修运河的工程。要是在其他国家，这是会让政府破产的。

运河用来运输内陆商品的船，是以特殊方式建造的，比欧洲或美国的船要大上许多倍。最大的运河船估计有四五百吨重，配有四五十名船员。它们的构造像狭长的平底船，吃水为6或8英尺。船舱带顶，约6英尺高，舱顶呈圆形。船舱上边是真正的甲板，用一块块木板搭成。甲板由横梁支撑，横梁则架在侧边的立柱上。这与在美国用的救生驳船是一样的。船帆极大且沉，由席片做成，悬挂在两根粗桅杆之间，顶部相连，极像桅船上的舷弧。这些桅杆特意造得可以轻易取下或降低，以便穿过运河上无数的桥梁。船负载很重，以至于船身四周的围板与水面齐平。船员在这些板上行走，用端部包铁的长竹竿撑船。船帆只在进入运河前的水域里使用，进了运河，船就是被拖着或撑着走的。这些船一批批地来到广州，满载着茶叶、生丝和其他由北方省份生产的出口商品。返航时，船上装满了盐、皮毛和国外的干货，以及琳琅满目的小商品。船上装的盐多，吃水很深，这样在广州的河流里行船，时时有触礁的危险。运河河道狭窄，水流又急，如果船真的不幸触礁，伤害不可避免，有时还会完全报废。在我停留中国期间，就有一艘船被岩石撞毁。当时船上载有价值三四千银元的盐，还有其他一些货物，大部分货物被毁。因为本地商人是没有货物保险的，这些损失就完全落在了货主身上。船只在满载盐后，会沿珠江而下，在一条叫“盐河”（Salt River，盐河因停泊在那里的盐船而得名）的小河里停泊，并把船上的货物卸下。盐船并排泊在河里，等待货物时，它们会把高高的桅杆收了。为了节省空间，船上所有的东西排列得很紧。船准备离开时，船员要把它拖回河中，并在确认周围完全没有其他船只后起航。拖船时，他们用竹竿和桨来助拖船前进，在这种辅助力下，拖船可以比较快速地行进。

花地花园 / 奇花异草

在广州城上方两英里处，珠江一条小支流的对岸有一家中式花园，名为花地（Fa-tee）。据说花地是行商的产业。在繁花盛开的季节，这里可以看到最美丽的各样鲜花，品质极佳又价格适中。外国侨民偶尔会在花地办令人愉快的野餐会，他们乘坐大船离开广州来花地找避暑的别墅，船上载有用来办野餐会的物品。大船到达前，仆人们早已来这边探路，等船到达，万事皆已俱备。本地商人有时在花地为外国人办晚宴，但因为离广州远，这里的宴会绝不能与他们在自家办的相提并论。花地花园的池塘里养着鲤鱼，这里植物品种繁多，美不胜收。花园旁边，主要分布着一些奇特的寺庙和避暑庄园。园子分开坐落在正对着运河或珠江支流的边缘地带，各自的园名刻在入口的大门上。在当地的某些节日里，可以看到无数的花船，里面坐满了不幸的沙面[①]女子。船上的乐队奏着乐，听起来却嘈杂不和谐。这里的水道狭窄，经常挤满了从运河过来的货船、载客的船，以及从内地来的运木材的大筏子。

---

① Sha-ming，或Sha-meen，广州郊区的一部分，位于商行上方的水边，是广州众多女人的居住地。——作者注

庄园的布置极为正式而严谨，但一点也不注意整洁，比如鱼塘里长满了荷花，却是一塘死水，看上去并不让人愉悦，在炎热的季节，这无疑也会影响人的健康。遗憾的是，我不是植物学家，不能一一列举花地培育的各种珍稀的植物。橘子、山茶、瑞香和玫瑰种类繁多，又在不寻常的季节盛开，让人觉得奇异而瑰丽。我们这边极少见的黄玫瑰，在花地到处都是。冬天时菊花展品极多，好几种菊花的颜色几乎连我们的园艺家也不知晓。这里可以买到中国所有的普通水果，还有一些不太常见的品种，比如金橘树。虽然金橘不能直接食用，但可以制成一种很美味的干果。佛手柑在这里也长得非常好，个头超过靠近广州的其他花园里的。花地还有许多空气凤梨，这是一种特别的植物，从小柳条篮里吊下来，不需要泥土就能长得很繁茂。矮小的植物在花地非常受欢迎，尤其是变形的盆景植物，而要把这些植物培育成室内盆景是极花力气的。花园里到处都是瓷盆、盒子和千姿百态的岩石，它们只要是有口有裂缝，里面就都长满了奇形怪状的灌木。人们把大量种子放在小瓷盆里出售，但这些种子到了美国后却很少能生长。在花园购买的球茎，成活率则要高得多。

河南郊区 / 行商的私宅

珠江南岸是广州的郊区，人口众多，被称为“河南”。河南坐落着不少行商的私家住宅，他们把自己的商行建在北岸的外国商馆附近，晚上再回到对岸的住所。在河南郊区地势低洼的地段，到处是小房子和店铺，显得拥挤不堪，主要由下层人租住。在珠江沿岸，可以看到船坞、运河船站、从内陆来的船只，以及从北边省份下来的运木材的大筏子。赌场和其他很多臭名昭著的房屋，就建在岸边的木桩上。许多船只也被用来开赌场或类似的营生，它们经常停靠在珠江的这一边，以及对岸洋行上方的沙面。河南有几个令人神往的庙宇，特别是宏大的海幢寺，那是外国人务必要参观的地方。这里还开着棺材铺，里面有用来做普通棺材的大块杉木板。外国人可以不受打扰地穿过河南郊区，进入郊区之外的乡村。下午时分，经常会有外国人以及广州居民来此散步。因为有些帕西人的不当行为，官府曾短期禁止人们在此散步，但禁令很快就被解除了。如今，除了偶尔会遇到游手好闲之徒向人扔小石头外，并不会有其他麻烦。郊区的低地几乎全用来种水稻，干燥部分则用来种甘蔗和蔬菜。有一次，我们看到一大片长势良好的大麦，这是我在中国头一次也是唯一一次见到大麦地。在这里散步时，经常会遇到水牛。一个当地的小男孩就可以赶好几头水牛，但水牛看见外国人会很兴奋，所以一般来说，最好在水牛靠近时回避一下。

乡村有许多狭窄的道路，纵横交错，四通八达。许多地方的道路上还铺了花岗岩石板。路旁可以看到一些小庙，庙里要么挂着一块漆过的牌匾，要么摆着一对石像。石像前点着香和小红烛。那是旅行者供奉的。许多健壮但脏兮兮的小孩从四处过来，一般聚集在寺庙或村庄附近，只为了盯着过路的外国人看。但当外国人注意到他们时，孩子们却报以石头或恶意的围攻。

大庙后面大部分土地被坟墓给占据了。这些坟墓与富人家的不同，不过是一个个小土丘，土丘两侧呈弧形。坟上立着一块小石碑，上面刻着过世之人的名、姓等。中国人的坟地与周围的乡村之间并没有用围栏隔开。坟地里有很多小路从四面八方穿过，但过路人不会踩到坟上。蓝靛到处都是，人们在畦脊上铺放一种茅草，保护它免受阳光的照射。池塘在干燥的季节可以为农田供水，但因是死水，也是极不健康的。行路途中，旅行者靠坐渡船或过桥来穿过运河和小河流。这里有些桥梁称得上是中国建筑之美的典范。在着陆点南边1.5英里处，有一座桥上铺着长长的花岗岩板，并没有采用其他材料。两个桥墩与桥呈锐角，这样流水的冲击力就大大地减弱了。河堤上种着香蕉和荔枝，可以用来抵挡河水的泛滥。

只要有水的地方，就可以看到船只。它们聚集成一队队的，停泊在最宽敞的水域。大多数情况下，男人在岸上做劳力，女人和孩子忙着捕鱼。这些人家生活在水上，出事和死人是常有的事。经常可以看到溺水者的尸体躺在淹水的浅滩，或漂浮在河里。我有一次短途出游打猎，就偶遇到可怜人的遗体，躺在沼泽地里，一半已被狗吞噬了。当地人在移动死者尸体时会极为小心，以免惹上谋杀的罪名。要是被指控谋杀，就会给官员们勒索钱财的机会。

河南海幢寺 / 中国建筑的典范

海幢寺是一座辉煌宏大的庙宇，也是广州主要景点之一。参观费很便宜，旅行者没理由不去。海幢寺通常又被称为河南庙，是一座佛寺，称得上中国建筑里最华美的典范。寺庙占地好几英亩，除几条通道外，还有一个占地广阔的花园。整个寺庙被一堵高而坚实的墙围着。寺里种有各种树木，枝繁叶茂，将寺庙深深地掩映着。其中有几棵为榕树，垂下的枝条构成一道风景。在孟加拉，这些枝条会穿过地表在土里扎根。但中国的榕树只不过从树上垂下长长的细丝，就像旧绳子一样，很少会长到地面。寺庙的花园是成千上万的鸟儿的栖居地，特别是白鹭和野鸽。它们栖息在高大的树木上，还受到僧人的保护。僧人从不伤害野生动物，也不允许任何人在庙里杀生。寺庙里还养了家畜，是虔诚的信徒为了让它们能免遭屠宰而存放在那里的。庙里特意为一些大肥猪提供有围栏的住所，这也是不少访客有兴趣参观的地方。绵羊等被关在寺庙的另一处，同样受到保护。埃利斯（Ellis）[①]先生曾在对阿美士德勋爵出使中国的记叙中，提到神猪被养在这座寺庙里“在多年的污秽和恶臭中打滚”。

① 英国外交官。1816年，他作为使团书记官和副使随阿美士德勋爵出访中国。——译者注

我只能说，现在这些动物被照料得很干净，尽可能不让人心生反感，也不应被当成恶心的东西。

寺庙的入口靠近渡口的台阶。访客穿过一扇由结实的木栅栏护着的大门，沿着铺石路面行进，经过一个长约200英尺的庭院，到达另一扇大门。经此门进入一个修在房子中间的过道，房子门口两侧各立着一尊巨大的陶土做的中国神仙像，由木栅与道路隔开。塑像前面的锡制香炉里，香火氤氲。房子的墙上贴满了写有字的纸条，是善男信女贴上去的。再穿过一个庭院，院子里也有一条类似的花岗岩路，与我脚下的路相交。然后进入一个大些的同样的房子，只见里面摆着4尊模样相似的塑像。这些巨大的塑像高达20或25英尺，呈坐姿，身上的漆色和镀金都美轮美奂。寺庙后面有两块大的黑石碑，上面刻有寺院戒律和祷文，字刻得很工整精巧。据说它们是乾隆皇帝御赐给寺院的。在第一道大门前，立着两块木匾，上面也刻有类似的铭文。

这块地方有两座小庙，一边一座，庙里有文官和武官的半神半人像，每尊约8英尺高，精雕细刻，镀得金光闪闪。

经过一条石板小路，到达第一座大殿。它建在一个凸起的平台上，可由花岗岩台阶拾级而上。庙檐向外飞出几英尺长，由立在花岗岩底座上的漆木柱支撑，这就在庙宇四周形成了一条带顶的步道。屋顶四角饰有龙和其他古雅的点缀，屋顶上盖着彩色瓷瓦，亦显得精美繁复。庙约110英尺宽，差不多呈正方形。每日约下午4时，寺院的僧人们会在三世佛前举行礼拜仪式。三世佛塑像身形巨大，身上镀着金，呈坐姿。佛像前摆着一个长祭坛，坛上的金属器皿里插着香，不停地燃着。在香的两侧，摆放着大花瓶。屋顶上悬挂着许多漂亮的灯，有彩绘丝灯、玻璃灯和角灯。屋顶上还挂有上面刻着镀金铭刻的木匾，以及一些中国庙宇的内殿里特有的奇异装饰。寺庙屋顶由红漆木柱支撑，色彩浓重，上面还刻有金色的铭文。庙宇的东西两侧，摆放着无数小神和成仙的凡人的小塑像，每尊塑像前都竖立着刻有铭文的牌匾。

天花板上画得让人觉得神乎其神，但通过在下面支撑它的漆椽，那种奇特感可以得到很好的缓解，转而变成一种令人愉快的感觉。主祭坛前摆放着圆垫子，供僧人们跪着叩头时用。每日举行礼拜仪式时，会把长垫子或一块块的布平铺在地砖上，平行地摆成行，僧人们就跪在上面。

紧邻这座殿，在它后方约70英尺处，坐落着另一间大殿。殿中央挺立着一座典雅的白色大理石方尖碑，上面装饰着很多塑像，基座四周刻着浅浮雕。这里还有一些装满宗教典籍的盒子，供寺院里的僧人使用。这两座殿在外形和风格上都极相似。除了每日课诵时，殿门都是关闭的，由于几扇木门都是花格的，人们还是能够看到里面的景象。给看门的一小笔费用，就能进入整个寺院。寺院占地广阔，要仔细转完还是需要一些时间的。

上面这座庙的后方，还有另一处寺庙，也是海幢寺最南边的庙了。它有一个中心建筑，两侧还各有一间小房子。

这些庙宇都建在一大块空地上，四周围以回廊。殿堂很小，门朝里边开着。每座殿堂的门上都是飞檐，下有漆柱支撑，可以用来抵挡风雨。回廊的墙壁上嵌着无数牌匾，上面刻满了字。在一显眼处，置有一口大缸。缸内放有一个盛满茶水的金属容器，可供本地访客饮用。访客常在庙宇的庭院里转悠，有的则斜倚在回廊靠墙的座位上。

海幢寺右翼，是一个较小的两层的庙。庙里满是神像，有供养神猪的房间、一间印刷所和几间小点的僧房。寺院还有一块地方被用来做裁缝铺，寺院里僧人穿的衣服都是在这里做的。

海幢寺左翼，有接待生人访客的客堂，一间斋堂，一间装满了长桌长凳的房间，里面气味难闻，还有几个小殿、厨房和仆人听差的地方。一条小路通往菜园，园里有焚烧僧人遗体的炉子。炉子附近是存放骨灰瓮的地下墓室。寺院的菜园由一堵高墙围着，占地好几英亩，土质很不错。僧人禁止吃荤，他们大部分的食物都是在这菜园里种的。

海幢寺收到的善款很多，也变得极为富有。如今寺里等级高的僧人在当地已成为举足轻重的人物。外国人只要行事适宜，不惹僧人生气，来这里参观总能受到礼遇。

在我回国前，受寺里高僧邀请，我随一队人去寺院用早斋。我们穿着非常奇特的衣服，享用了一顿蔬菜盛宴。每道菜里放了油，但许多因油放得不够，味道不怎么样。而那些油放得还好的，又因盐放得太少而平淡无味。僧人给我们上了中式茶，盛在带盖的盏里，茶里不放牛奶或糖，最后上的是各种干果，有的非常可口。享用完干果后，我平生参加过的最冷冷清清的宴会就这样结束了。宴会比较简单，加之早晨天冷，还有寺里冰凉的地砖，使这次聚会变得沉闷而不舒服。我看到了好几种奇怪的食物，比如干卷心菜和干蘑菇，还有几种味道古怪的根，闻起来气味很大，因而不讨人喜欢。回家后，我们在自家享用了一些更实在的可口食物。这时，庙里送来了冬季鲜花和蜜饯等礼物，我们也报以谢意。

近来，我们看到海幢寺对外国人一直很友好，我们真诚希望不会发生任何事情，阻碍了这些非常令人愉快的交流。在炎热的月份里，寺院花园是一处赏心悦目的避暑之地，外国人也可以在里面随意走动。正如我所看到的，只要付一点点钱就可以参观整个寺院。

除了海幢寺，河南郊区还有几个小寺院，但没有哪个能与海幢寺的宏伟相比。实际上，海幢寺是广东省规模最大、管理得最好的寺院。广州西郊有一座道观，是一处奇特而雄伟的建筑。从道观中心建筑的顶层往外望去，风景极是优美，可以看到广州的大部分和它周围的乡村。

有的寺院僧人品行不端，被指犯了各种恶行，还被看成是最堕落和被遗弃的人。这些人不害怕现时的不光彩和将来的审判，只是一味地放纵行恶。

帮会与寺院无关，里面的人像乞丐一样四处游荡，在偏僻省份的荒野之地，聚众为匪。他们抢劫和谋杀过路人，掠夺村庄，藐视政府官员派出的军队。1826年，一个几百人的团伙就在山东省被发现，最后被官兵击溃。

刑场 / 习以为常的骇人

刑场位于广州市南郊，四周没有围墙，是用来公开处决犯人的。它实际上是公共街道的一部分，街道还常有人光顾。走在街上，可以看到靠墙的笼子里装着许多正在腐烂的人头，让人极其恶心。那些熙熙攘攘的人群对此却似乎毫不在意。当我访问此地时，看到了约40个人头，在不同程度的腐烂中。这些头大多被放在小笼子里，会在犯人曾犯过事的地方挂一段时间。

刑场四周为店铺和住宅。居民对这种骇人的景象早已习以为常，以冷酷和漠不关心的态度，目睹着这一切的发生。1828年，因谋杀法国“航海者”（Navigateur）号上的船员，16名男子在此被斩首。行刑的刽子手技法娴熟，那些不幸的犯人也没有表现出任何痛苦，人头瞬间落地。只有一名犯人被他即将到来的命运触动了，用他的家乡方言，以极诚恳的语调向在场的外国人申诉，这当然是徒劳的。行刑完毕后，犯人们的无头尸体被扔进一个里面满是石灰的大坑，头颅则被装在小笼子里，靠墙悬挂于澳门的内港。船员可以看到这些人头，这也是对他们的一种警示。

这些犯人是在广州受审的，当时广州的外国居民也应邀参加了审讯。此等场面难得一见，也让人感到好奇而不一般，我会在“刑庭”一章对它单独进行描述。

酷刑常被用来逼供，许多罪行都会受到可怕的刑罚折磨。热油烫、凌迟、截肢等，是用来惩罚最残暴的罪行的，绞刑、斩首和流放则用来惩罚轻罪。每年被处决的人非常之多，在这里很多罪行都处以死刑，而在其他地方则会被认为是不值得的。许多不幸的人因对手的陷害而成了刀下鬼，而另一方面，贿赂和腐败让那些真正的罪犯被公然释放——对这些人来讲，死都是一种太温和的惩罚。

城市的街道 / 名不副实的街道名

外国人往往被中国街道的狭窄惊得目瞪口呆。在广州，即使最宽的街道也不会超过我们的一条车道。街上人来人往，川流不息，使得道路拥挤不堪，难以通行，也让人觉得不舒服。街道路面横铺着灰泥板，泥板面上有划痕，以防行人在湿雨天滑倒。对街的屋顶之间大多搭有篷子，这样在一定程度上使街上行人不会被烈日暴晒。街道上没有边道或步行道，因为广州没有马车，除了那些军马外也没别的马。人们之间似乎有一种默契，走在一条拥挤的街道上不会撞到。所有往同一个方向行的人，靠街道的一边走，而那些朝相反方向走的人，则保持在街道的另一边。如果没有这约定俗成的做法，要想通过如此拥挤的街道，几乎是不可能的。拾垃圾的人常被雇来清理街道上大量的污垢。尽管他们很卖力，街道上经常还是脏乱不堪，散发出一股让人难以想象的臭味，特别是在商馆后面靠近肉店和家禽店的地方。有些街道肮脏到臭名远扬。比如，原来的“行巷”，如今已大为堕落，以“猪巷”而闻名。

街道的名字大多写在门楼上，这些门楼将广场彼此隔开。最荒唐的是，街道名常名不副实。一些最恶心的大街，却以最芳香的名字而声名远扬。实际上，东方的这种华而不实的风格，在这些地方和诸如此类事情上真是体现无遗，使其看上去极为荒谬。没有什么比这些街道、街区，以及不同等级茶名的字面翻译更夸张和好笑的了，这与当地人肤浅的行事作风息息相关。

每个广场的尽头有一堵门或一道障碍，大约晚上10时关闭，由更夫照看。此人一边在石板路上敲着一根沉沉的竹杖，一边依着它的节奏行走。这样发出的声音在很远处就能听到，居民因此可以知道更夫在巡查。要想在街卡关闭之后再进出，人们就必须提一盏点着的灯笼，并把自己的名字和住址写在上面。如果遇到抢劫或警报，街口马上就会封锁，把肇事之人关在里面，这样无一例外地能找到他们。郊区各地修有瞭望台，建在竹架上，高出一般房屋，驻守的人看守着城市，如有火警则会马上鸣锣。这绝不是一件令人羡慕的差事。这些台子虽然建得结实，但比周围的房屋要高出三四十英尺，在大风里也就成了极不安全的站点。

守卫们驻守在城市和郊区不同地段的岗亭里，以维护治安。

衙门捕快 / 无处不在的网

没有国家可以夸口，说自己比中国拥有一个更广布和有效的警察[1]系统。它的分支似乎无处不在，成员也散布于各阶层中，像探子一样相互监视。

除了通常的衙役和捕快，还有一种内部警察，主要是些领取酬金的秘密探子。他们并无特殊着装，常混在人群和集会当中，小心而警觉地注意着嫌疑人的一举一动。你可以看到一些这样的人在广场上漫不经心地闲逛。突然间，他们冲进一群人中，抓住其中一个，以迅雷不及掩耳之势将其捆了带走。人们很害怕这种人，因为他们有时会抓无辜之人，诬告他们有罪来敲诈钱财。被告之人通常宁愿花钱消灾，也不愿冒着风险让这些恶人在昏官面前指控自己。由于衙门律法严格，犯事之人很少能长时间逃脱在外，因为无论他们躲到哪里，会受到捕快或探子的追踪审查。捕快把一个人关起来不需要任何程序，只要看到某人的行为可疑就可以直接抓捕。商馆附近就有不少捕快或探子，与每日聚在那里的人混在一起，盯着可疑之人的举动，还会不时逮人。他们亦会掠

① 在清代，当指衙门捕快、步军统领等。——译者注

夺那些呆在广场上盯着番鬼（Fan-Kwei's）[1]看的轻率的乡下人。

做捕快的人，身上经常携带鞭子或短剑，藏在外衣的宽大袖子里，以防有人截场，也为了在必要时保护自己。民众很少干扰司法官员，嫌犯一般也毫无反抗就被抓走了。大街上所有的骚乱集会，很快就会被鞭子的一顿猛抽给平息下来。那时鞭子总是毫不留情地落在集会的人身上，有时也会落在那些只是看热闹的人身上。反抗是无用的，顺从才是唯一的出路。

① 这是个“恭维人”的绰号，字面意思是“外国鬼”。它是中国人对我们的常用称呼。因为被频繁使用，它不再被视为一种侮辱的称呼，而被当成理所当然的。——作者注

艺术 / 雕刻与绘画

中国人在雕塑方面技能相当不错，尽管大多时候，他们的才能被误用来创造虚无的妖怪，而不是再现自然。他们的木雕、石雕或金属雕刻独具匠心，也品位极佳，特别是那些用上等白瓷做成的人物雕像。大多情况下，这些人物像要么是对人荒谬和变形的表现，要么是对某位神灵的刻画。花岗岩石雕被广泛用来装饰房屋或墓地，或用来做小神像。这些小神像通常被置放于街道门楼前和豪宅门口。大些的神像一般供在寺庙里，有的先塑泥胎，再在上面镀金漆彩，有的则是木头雕刻而成。木雕是另外一门很受青睐的艺术。中国人几乎所有的住房、庙宇或宫殿的内部装饰里，有雕刻的屏风，设计得精美而雅致。他们用象牙、金属和玳瑁做的雕刻品，长久以来为好收藏外国奇珍异品之人所喜爱，尽管它们根本不值得我们钦慕。要知道这些雕刻品不过是新鲜物件，它们的设计和制作一般很僵硬，也不考虑比例和视角。男孩子是象牙和玳瑁雕刻的主要匠人。他们用印度墨水仔细映描完图案后，就快速地开始雕琢手里的东西。他们用的工具不过是磨得很锐利的各式尖头小铁棒，被依次放在一块普通的磨刀石上。就是用这些粗糙的工具，他们雕刻出了最精美复杂的象牙艺术品，比如有名的同心球，就雕得无比奇巧精致。大多数这些被雇来做手工艺匠的男孩子，除了得到衣食外并无其他报酬。所以，这些需要耐心和技艺打造的精美雕刻品，能以相对低的价格出售也就不足为奇了。

中国的绘画不能与它的姊妹艺术雕刻相提并论，因为很少能发现正确考虑了光线、阴影或视角的画作。画匠们可以应外国人要求，把欧洲的绘画模仿得惟妙惟肖。然而，当为他们自己的同胞绘画时，他们又回到最初习得的那种沉闷而缺乏艺术性的风格。与其他艺术一样，他们得到的报酬是较少的。往往那些花功夫最多的作品，却是鉴赏家们认为最没有真实价值的。

建筑 / 独特的风格

通过中国瓷器和彩陶的图画，我们已熟悉中国建筑的独特风格了。大而平的屋顶，精雕细刻的山墙，以及屋顶上非比寻常的装饰，古色古香又引人注目。那些分布在建筑四处的点缀装饰，并不符合我们眼中的审美标准，但建筑物呈现出来的整体效果却是令人过目难忘的。这些建筑物颜色对比强烈，但并不伤人眼目。实际上，整个建筑物的原创性已经完全中和了它的荒谬之处。

建筑商使用的材料为砖头、一种精细的花岗岩和砂岩。砂岩主要用来建房子的底部，底部表面则由石匠精心打造。

用来制砖的黏土呈铅色，在烘烤过程中不变色，不如我们这边做得细心。中国的砖块质地松散，极易碎掉。各种木材被用来修建房子，用得最多的是一种白杉木，因为它耐久又便宜。柚木被用来做房屋的椽子和其他承重结构，而地板大多是用杉木做的。与现存的古建筑相比，中国现代建筑建得很马虎，但一些防御工事和其他类似工程却建得极为用心，用的是最坚固的材料。建房子前，中国人会准备一个脚手架，比要建的房子高一些，并用干棕榈叶盖住架子的顶部和大部分侧面，以保护工人和建筑本身免受风雨影响。

塔 / 八角形砖塔

中国的宝塔是宏大的八角形砖塔，通常位于山上，或是其他特别显眼的位置。它们一般为9层，有的只有7层。广州附近，位于珠江主干上的塔有9层高，而那些位于通往澳门的内航道岸边的塔则为7层。宝塔各层被砖制的塔檐隔开，塔檐宽阔，呈飞翘状。状况良好的塔角上还挂有铃铛，风一吹，就叮当作响。广州附近的宝塔处于非常残破的状态。除了个别塔外，据说在其他省可见到的状况良好的塔上的装饰，在这里已荡然无存。只是从塔破落的顶层，伸出一根巨大的杆子，高出塔身许多英尺。塔顶上以前放置的大球，还有吊到塔顶各角的链子，看上去一般是镀金的，但实际上有些是纯金的。我们在附近见着的塔，四周种着参天大树，灌木和长长的草从砖体的缝隙里伸出来。

塔里松动的砖头会落在那些被骗入塔的人身上。这样的事故发生好几起后，许多塔在门口修了一道墙来堵住入口。塔旁通常有一座小庙，也是砖砌的，状况一般也不太好。这些奇特的塔建筑有120或130英尺高，由铅色的砖砌成，砖如今已残破不堪。听说南京的塔每层都有地面，但广州的塔毫无地面的踪迹，整个塔身是空的。

沿着珠江两岸，经常可以看到一种小塔。它们也是砖砌的，呈八角形或四方形，塔顶尖尖的，上面放置着釉瓷或镀金的球。这些塔还很新，据说都被用来做寺庙。它们一般60—80英尺高，4层。由内航道去往澳门的路上，还可以看到一座非常别致的塔。宝塔附近常可看到大树，有时是在孟加拉以体形巨大而闻名的榕树。

居所 / 精致繁复的雕刻

中国的房屋从外表看起来很乏味。每所府邸的前面有一个庭院，由一堵高墙与街道隔开。围墙通常开有一扇门和两扇大窗，窗户是以绚丽的釉陶砌成的。走过庭院，就到了主屋前，客人在此下轿。中国的房子很少超过2层，但许多庙宇和其他公共建筑会有好几层。房子里面布置得很整洁。走廊的帘子可以挡住阳光，同时也让空气能更好地流通。

房屋的地面铺着红砖，因为这里的人在冬季不喜生火，地砖也就让人觉得房间里更不舒服了。冬天时，当地人身上会裹好几层衣服，一层层地包着，脚上还穿着2英寸厚的鞋。这里虽不太冷，但与它长长的夏天相比，却有着很强的反差，让人感觉不好受。在北方的省份里，冬天很寒冷，人们需要生火取暖。但在广州，冷天很短，人们觉得除了添些衣服外不需要其他防寒措施。在好些府邸，屏风和门楣上饰有讲究而繁复的雕刻。屏风和门楣上的空间很大，镶嵌着染色的丝绸或亚麻，上面绘有雅致的图案。长长的卷轴挂在墙上，上面写着教诲或格言，其两旁偶尔会配以鸟、竹或花等的大幅图画。在每个房间的一头，摆着一张案几，上边放有几个花瓶，一只香炉，或是一块盘曲的木头或奇巧的石头。

房间的另一头，则放了一张布榻，上面摆放着休息时可以靠的垫子。这里最好的家具，是用一种看上去像红木的深色木材做的，年岁久后颜色会变得更深。椅子上放着席垫，每两张椅子间摆有一张小茶几、一个金属或陶瓷的痰盂。各式玻璃或丝绸的灯笼为房子提供照明，有些形状极别致，上面罩着精心绘制的油画或水彩画。在走廊和过道里，摆着瓷墩、釉陶制的绿台子，上面还放了几瓶花。房里各处陈设着奇形怪状的石头，安放在漆过的木腿上，被当成椅子。

墙壁凹处装有床，由纱帘挡着。白天时，纱帘是开着的，上下被银或黄铜钩子钩住。木台上平铺着席子，当作床。枕头要么是席子做的，里面塞得硬邦邦的，要么是皮革或竹子做的。枕头形似一根木头，也跟木头一样坚硬、不易弯曲。绗缝床单和欧式毯子被整齐地叠放在床的一边，或置于床上方几英寸处的架子上。床帘上部是用丝绸或平纹细布缝制的，上面装饰着长诗句。放置床的凹处，则用喜庆图画或题字来装饰。

大的府邸里常可看到圆形门窗。窗户上镶着木雕或绿陶，图案精致，有时还带制作巧妙的黑竹格栅。乡村住宅不注重节省空间，花园铺得很开，里边隔一段距离就有一座小庙或凉亭，因而整个花园看起来让人心旷神怡。中国的莲花深受人们喜爱，在广州附近的花园中，能看到大水塘里种着莲花。这些水塘里还养了鲤鱼和其他鱼，由人喂食，鱼也就变得很温顺。金鱼养在陶罐或玻璃缸里，可以长到很大。人们从来不把金鱼当食物，它们也因性格温顺和色彩绚丽而颇为人喜欢。

公共广场 / 挂旗与戏台

尽管中国的街道修得极窄，好像被压缩了一样，但在郊区的一些大庙宇附近，还是有一些相当大的开放式广场。它们主要被用作市场，或节庆临时的戏台。广场周围建有店铺和住宅，面向广场。每逢公开表演，这些房屋的上面一层会租给一些看戏的人，其他人则站在广场上观看表演。这些地方大多立有旗杆，在特定的日子里，人们会悬挂上面有特别标志的彩旗。中国人挂旗帜的方法与我们大不一样。他们并不把旗帜固定在用来拉升的绳上，而是悬挂在旗杆的一端。旗绳系在旗杆中间，旗杆不挂旗的那一端系着绳子，一直连到旗杆底部，以固定旗帜位置。这样使旗帜垂直悬挂，即使在无风的天气里也能自己展开。而我们的旗帜在无风时是下垂的。庙里的僧人负责这些旗帜。如果那里有哨所，则由士兵负责，而哨所挂的旗帜是军队的颜色。

变戏法的、江湖医生和无数游民聚集在这些公共场所，被急于观看他们把戏或表演的闲散人群围着。市场上的人坐在他们的篮筐旁，占据了广场两侧。往来于邻近大街的人，则约定俗成地保持着过道的畅通。

理发匠 / 特别的规矩

剃头的习俗始于满族人对中原的征服，是征服者强加给当地人的一种奴役标记。剃头时只留下头顶的一部分头发，然后将那簇垂下来的头发织成一条长辫子，在尾部用丝绳交织一下。自从明朝被推翻以来，已经过去了很长时间，中国人不再把这个“附属物”视为一种侮辱或不光彩的标志。相反，他们现在极用心地打理辫子，还特别以辫子的尺寸大小和打理情况为荣。因此，理发匠遍地都是，成了人们生活中不可或缺的一部分。但与他们的欧洲同行很不同的一点是，这里的理发匠极其安静，在剃须和打理头发的过程中，几乎不跟客人讲一句话。剃完头后，客人一声不吭地从座位上站起来，根据自己的经济状况放下一小笔钱作为报酬。客人不用说话，也不会被问问题。据说有一个规矩，禁止理发匠向他们的客人提出任何要求，他们基本只能靠客人的慷慨了。这条规矩仅适用于本地人，若为外国人理发，他们绝不会忘了要一笔满意的报酬。广州和澳门的街上到处是理发匠，他们随身携带一种带抽屉的小凳子——里面装着理发工具，一个放着小炭炉的木容器，还有热水和小水盆。为等生意，他们在空旷的广场和街道往往一坐就是好几个小时。

这里提下中国人的一个怪癖。他们特别反感坐在别人刚坐过的座位上，那座位自然是被前面人的身体暖过。他们在坐下前会把垫子翻一下，以避免这种不快。也正因如此，理发匠在凳子上会放一块活动的板子，在新客人到来时取下，这样就给人家一张凉凳子了。

理发匠（乔治·亨利·梅森，《中国服饰》。George Henry Mason，*The Costume of China*，1800）

服装 / 穿衣的讲究

不同省份的服饰，以及不同等级人的着装，区别非常大，但基本模式差不多。中国人的常穿服饰有衬衫、长衬裤、长衫，或是前面系扣的大衣，长袜和鞋子。人们的着装随天气冷暖而不同。比如，在夏天，薄亚麻布长袍罩在同样材质的一件轻薄衬衫上，加上薄的绸衬裤、长筒袜和鞋子，就是你在街上能碰到的大多数体面人的装束了。而在冬天，人们会穿上四五层厚厚的毛皮夹克或棉衣，让人看上去显得驼背而走形。这些穿着厚实的人走路时，头缩着，外面夹克的长袖盖过双手悬吊着。上层人在冬天穿的衣服非常华丽昂贵。人们用最优质的丝绸、最贵重的毛皮、各种绒面呢和其他价格不菲的面料，通过镶衬、绗缝和刺绣等多种手法，做夹克和外套；其他搭配的衣服，在价格和精美度上也差不多。但在这些华丽的外衣下，往往还有一件相当粗糙的衬衫，一般还脏得要命。我就见过一些中国绅士穿着一尘不染的昂贵外套，但里面配的衬衫却极为恶心，连我们最穷的人也会为之感到羞愧。

中下层人几乎穿蓝色的南京棉，颜色很深、不沾土，耐用又便宜，款式简单。炎热的月份里，船夫、劳工、苦力或搬运工干活时，除了穿一条宽大的长裤，其他什么也没有。他们用一根丝绳在腰间把裤头束紧，而身体的其他部分则完全暴露在外面。在太阳底下做工时，他们也只戴一顶巨大的圆形竹帽或草帽，这样可以部分地遮住身体。下大雨时，他们在肩上披一件斗篷。斗篷是干芦苇做的，水极不容易渗过去，看上去野性粗犷。在一天最热的时候，在地里劳作的人偶尔也会披上这种斗篷来遮挡烈日。富人用伞和扇子为头部遮阳，在炎热的天气里，除了参加仪式外，他们是不习惯戴帽子的。冬天时，人们喜戴黑绸便帽，帽子非常紧，顶上有一个绸结，是用来取下帽子的。因为中国人参加仪式穿的衣服与平日的服饰有些不同，我在这里有必要描述一下他们的礼服。夏天时，人们在衬衣和长裤外面，穿一件长外套或长袍作为礼服。外套扣在侧面或前面，扣子是金色或镀金的，上面有很深的雕琢装饰，再以绸腰带系紧长袍。外套是用极薄的透明绸或亚麻布做的，用丝带在腰部系住，腰带的带钩通常还镶有宝石。帽子是用竹子做的，编织得很精细，呈圆锥状。根据所戴之人的官职品级，帽顶上饰有金子或各色宝

女仆

石做的顶珠。一绺染成红色的毛从顶珠上垂下来，盖在帽子的外侧。有钱人有时会用白绸罩在帽子外面，以深红绸带替代那绺毛。

人们在冬天穿的礼服有所不同，一般是身穿绸外套，里面填有棉絮，或衬有毛皮；头戴一顶黑绸帽，帽檐向上翻翘。帽子外面用的是天鹅绒或深红绸面料，帽顶装有顶珠。官服的靴子通常是黑缎面，鞋的底边涂成白色。除了帽顶用来代表等级的顶珠，官服还会根据官员的等级，胸前绣以方形或圆形的鸟、蟒或虎的图案①。

按品级，官帽上的顶珠②分为以下几种：一品，透明红；二品，乳红；三品，乳蓝；四品，浅蓝；五品，水晶或白玻璃；六品，乳白玻璃或石头；七品，与上同；八品，花金；九品，与上同。官职等级有些也并不能单单以顶珠区分。佩戴这些官职标志是一种特权，要么是立功之人得到的奖赏，要么是他们自己购买的。除非先摘掉他们头上代表官职的顶珠，否则不能对这些官员施以刑罚。

官服前面配有精致的刺绣荷包，连到系在腰间的丝带上。荷包上常饰有金线织就的图案，看起来品位不凡。穿官服时把前面的衣襟合拢，用腰扣或腰带来系紧衣服。除了这些装饰，表壳和扇套也同样新奇漂亮，引人注目。表装在表

---

① 指“补子”。补缀于官服前胸后背上的一块织物，分为“圆补”和“方补”。作者的这些描述不甚准确，请读者注意。——译者注

② 清朝官帽上的顶珠，一品为红宝石，二品为珊瑚，三品为蓝宝石，四品为青金石，五品为水晶，六品为砗磲，七品为素金，八品为阴纹镂花金，九品为阳纹镂花金。无顶珠者无官品。——译者注

左图：清朝官员，右图：着夏日长衫的清朝官员（乔治·亨利·梅森，《中国服饰》。George Henry Mason，*The Costume of China*，1800）

壳里，壳面有一个圆孔，所以无需把表拿出来就可以看到表盘。表和扇套佩戴在荷包旁边，有时一边戴一个。中国市场上的表几乎总是成对出售。人们佩戴时常将表盘朝外，以方便使用。扇子佩在身旁，远远看起来就像是一把短剑。

最后与衣服配套的还有烟斗和烟丝袋。烟斗收藏家青睐那些已被用过很长时间的烟斗，因而烟杆的年岁可以确保烟斗的价值。竹子、金属和各种木材被用来做烟杆，许多烟斗的价格高得让人觉得荒唐。白铜、银是做烟锅的常见材料，但木做的烟锅更普遍，上面还镶有铜、玻璃甚至陶瓷。除了最普通的烟斗，其他烟斗的烟嘴是用宝石、琥珀、金属或玻璃做的。那些最普通的烟斗并不带烟锅或烟嘴，只是一节打了洞的竹子。烟叶放进烟斗大的一头，另一头则放在嘴里。水烟被误认为是中国烟斗，实际上中国当地人并不抽，只是欧洲人抽。现在水烟在广州不如以前流行，而在孟加拉和印度等地方，当地人和外来人常抽它。根据东方医生的经验，吸烟对新手来说是让人窒息的，也会影响头部，使人中风。中国人用来吸食鸦片的烟枪的设计完全不同，我会适时加以描述。穷人抽得多的是一种小雪茄，是把切碎的或散的烟草用纸卷起来，价格非常低廉，它比烟斗更易携带，特别是双手忙的时候，更是没有办法抽烟斗了。

旅行者带回国的许多中国人物塑像和图画里，展现了我在那从未见过的一些稀奇古怪的服饰，是一些现在人已不再穿的古代服饰。塑像里的半仙、圣人穿着的就是这类衣服。这些塑像最受欢迎的姿态为站姿或坐姿，塑像中的俗人或仙人双手在前合十，并带着一根拐杖。成神的凡人头上常戴着一种叫“冕”的头巾，这是一种帽子，顶部是一块平板，像学士帽的样子，前后都挂有珍珠或宝石串。据马礼逊博士说，佩戴者的等级由宝石的数目来表示，皇帝的冠上就有288颗珠子，这些珠串或玉串被称为“旒”，但在古代的国家大典和其他仪式上，官员们不过戴一个亚麻冠而已。

在广州的街上偶尔会看到道士，他们头戴蓝色道巾，上面没有任何装饰，不过这种道巾不常见，可能它只限于某个

左图：卖烟斗的男子，右图：做帽子的人（乔治·亨利·梅森，《中国服饰》。George Henry Mason，*The Costume of China*，1800）

教派的道士。

北部和东部省份的人们有时着装古怪。他们在外衣上加一件无袖外套，或称马褂，一般为浅色，上面缝着扁平的大纽扣，饰以宽大的深色滚边。

古代中国人的衣服更宽松，也显得更有尊严。它们不论大小还是优雅程度，倒更像其他国家早期的帷幔。然而现在，中国古代的服饰只能在黄海高丽半岛的居民中看到了。高丽是中国的藩属国，一般鲜有人访问。

剃头 / 留辫子的习俗

在满族人征服中原之前，中国人的头发是留得很长的。但是，在清朝第一个皇帝顺治[①]统治年间，他于1643年[②]发布了一道诏书，命令被征服的中国人遵照满族习俗剃头。剃头时只保留从头顶垂下来的一束头发，把它整齐地编成辫子，并在末端用丝线系住。这个异乎寻常的习俗被施行后，遭到了当地人和许多士绅阶层的反对。他们宁愿死在征服者的屠刀下，也不愿意被屈辱地剃头。而如今，失去这个被奴役的标志——辫子，可以说是除了死之外最不幸的事情了，只有囚徒、罪犯会被剪去长长的被精心打理的辫子。那些头发不够浓密的人，和我们一样，只能依靠人工手段来弥补先天的不足。他们会把一条假辫子与自己的头发交织在一起，让辫子变粗而显得更得体。辫子的流行给许多街头的理发匠提供了大显身手的机会。这些理发匠占据了街道的角落，也遍布城市和郊区的露天广场。

① 顺治帝为清朝第三位皇帝、清军入关后第一位皇帝，并非清朝第一个皇帝。——译者注

② 顺治元年（1644）颁布“剃发令”。——译者注

入城请愿 / 好笑的“冒险”

外国人的请求与行商利益冲突的情况是经常发生的。根据法规，外国人的请求必须通过行商呈给总督。然而，当他们需要某种恩惠，而这种恩惠于行商来说不利或不便时，行商就会避免呈交，有时还会极力加以拒绝。在这种情况下，外国请愿者就需要自己去城门那儿，进城给守门的士兵一个“突袭”。他们要待在城墙内，直至一位职位合适的官员到达，接受他们的请愿呈文，并把它交到相关衙门。进城请愿一定要严格保密，因为这种想法若有丝毫泄露，就马上会被报上去。中国的探子无处不在，一不小心就会被发现。家里的仆人是官府付钱的探子，他们会向地方官报告任何可疑的情况。这些被戏称为“突击队”的外国请愿者，一般在南门附近的某个商行集合。南门也是他们计划要闯的城门。因为街道狭窄，他们可以不让任何本地人通行，以避免信息被传出去。通过不动声色的快速行动，他们很少会进不了城门。

守卫城门士兵的胆怯，常使突袭成为一场安全又好笑的冒险。因为本地人的疑惑、喧闹，以及大声而无效的抗议，只能激起大笑和嘲讽，却不能让人害怕。

根据法令，要严惩那些擅闯禁地的外国人，但经验告诉我们，如果背后有正当要求，入城时不需要有什么畏惧。我有一次跟随一支16人的队伍入城请愿，当时尽管有一名装备齐全的大个头士兵阻拦，他也完全有理由击退我们，我们还是不费力气就进了城门。士兵们的害怕足以使他们不能有效地阻拦我们，我们也就非常果断而迅速地闯入了城门，在城门内待了一会后，相关官员到达，我们的请愿书也就送到了他手上。那时自然会有一阵喧闹和混乱，但是这些严词厉色的老爷们除了训斥和威吓之外极少会有进一步的行动。他们的威吓看起来很荒唐，也就完全没人理睬。另一次请愿，我们也经历了同样的遭遇。

文学—历史—小说 / 缺乏浪漫的小说

近年来，一些颇有见地的汉学家已使我们对中国文学有了深刻的认知。学习汉语需要很长的时间和不间断的努力，因而极少有人会被鼓动去学它。那些学中文取得了良好进展的人，大多数在他们的努力即将开花结果时，又放弃了。

英国东印度公司的翻译马礼逊博士、巴黎的雷慕沙（Abel Remusat）先生，可能是仍在世的最早的汉学家了。雷慕沙以写作和翻译与中国有关的作品闻名。马礼逊博士的字典①是他耐心耕耘和精准的语言学研究的里程碑，也将使他跻身于最有名的字典编纂者行列。对汉语理论不熟悉的人，以及不了解以前的字典编纂得不完美的人，根本无法想象编一本像《华英字典》一样的工具书是多么大的一项工程。这本字典里的每一个条目，必要时都引用了大量权威的本地作者的解释和评论，这些解释和评论都被精心翻译了，并附有原文。此外，字典里的各种字形都很可信。它分为汉英字典、英汉字典，还有一卷字符表等。字典由东印度公司在澳

① 基督新教来华传教士马礼逊所编的《华英字典》是世界上第一部英汉-汉英对照字典，于1815年至1823年在澳门陆续出版。——译者注

门出版，耗资巨大。尽管据说大部分内容的印成品仍堆在公司位于伦敦的仓库里，目前却很难拿到这个版本。

回到中国文学的主题，我们已提到过中国人有关科学和历史的作品。至于他们的小说，在趣味性和多样性方面绝对不如其他浪漫的东方故事。中国小说故事中的人物，往往如这个国家的大多数人一样过于冷静和沉稳；如果不是装模作样地这般来写，它们又常沦为粗糙和不体面。这种意见也非常适用于他们大部分的戏剧。中国人的戏剧有时非常令人反感，与他们高度发达的文明根本不配。中国小说里完全没有波斯和印度小说里那种吸引人的诗意和浪漫，也缺乏独特的风格魅力，几乎没有什么可以激起我们的好奇心或引起我们的关注。中国圣贤的道德说教，当除去那层被耶稣会士包装的虚幻的魅力时，就只留下无趣和干巴巴的道德审判，同样不以思想的深度或风俗的独创性为特色。

上面的断言可能会被人认为太大胆，没有证据支持。那么，智慧的儒家崇拜者们，请允许我引用以下孔子的言论。

> 子曰："觚不觚，觚哉？觚哉？"①
>
> 冉有曰："夫子为卫君乎？"子贡曰："诺，吾将问之。"②
>
> 子在川上曰："逝者如斯夫！不舍昼夜。"③

---

① 出自《论语·雍也》。大意为，孔子说："觚不像个觚的样子，这还叫觚吗？这还叫觚吗？"——译者注

② 出自《论语·述而》。——译者注

③ 出自《论语·子罕》。——译者注

> 厩焚。子退朝，曰：“伤人乎？”不问马。[①]
>
> 颜渊季路侍。子曰：“盍各言尔志？”子路曰：“愿车马，衣轻裘，与朋友共，敝之而无憾。”颜渊曰：“愿无伐善，无施劳。”子路曰：“愿闻子之志。”子曰：“老者安之，朋友信之，少者怀之。”[②]

以上均来自马士曼（Marshman）[③]先生对孔子作品的翻译[④]，可以让您对耶稣会士推崇的孔子的智慧和微言大义有一个很好的认识。

中国历史学家的风格没有那么令人反感，但仍与我们记载历史的方式不一样。《三国志》是一部关于中国分裂为三个王国后的历史著作。每个王国由一位独立的王统治。这本书被当地人视为历史作品的典范，被广为引用，亦成为典雅语言和简明风格的标准。

那些学习汉语的人，如果希望能因加倍辛劳的付出而得到回报，比如说能发现被前辈们忽略了的中国历史，或领略到中国俗文学的魅力，是会感到失望的。为了某种商业目的，学汉语无疑是有用的，但作为一种成就，它的价值绝对抵不上学会它要花的时间。

---

① 出自《论语·乡党》。——译者注

② 出自《论语·公冶长》。——译者注

③ 1768年出生于英国威尔特郡。他促进了新教在中国的传播，主要作品有中译本《圣经》和英文著作《孔子文集》《中国言法》。——译者注

④ 原书中为英文，即马士曼对孔子言论的英译。——译者注

印刷术 / 雕版印刷

中国人的印刷术，看起来还处于萌芽期。他们没有印刷机，仍是将一块块硬木板或金属板制成一种印版来刷印。整个过程为纯手工操作，极简单而快速。《中国信使报》是一份关于任命、到任、离职的英文报刊，也是用活字印刷的少数刊物之一。用来刻雕版的木板多为风干的硬木，硬木会按纹路切成一块块平板。把要刻的内容精心书写或绘制于薄纸上后反贴到板子上，然后沿着字形在木板上雕琢，将字刻成浅浮雕。不同于在铜或其他金属上雕刻，在木板上刻字是不能改错的，所以在雕刻字体时就要特别小心。雕刻的成本取决于字的尺寸和精细度，价格随着字变小而升高。满文雕版有时极为精细，我拥有的佛教典籍的满文雕版，上面的字和插图都是奇特而精美的木刻样本。印刷设备非常简单便宜，并且极容易操作。工人把雕版放在桌前，旁边放着一堆切成合适大小的纸，他先用一把粗糙的竹刷在印版上刷上一层墨水，然后铺上一层纸，再用一种植物纤维做的刷子在上面摩擦一两次就完成了。把印完的纸揭下来，再重复这个过程印下一张。用来印刷的纸非常薄，只印一面。然后把纸对折，空白面朝内，两边朝向书脊，使之成为类似一个卷筒的样子。页不用切边，页码等字样印在书页的外沿。所有书籍和版画都是用这种简单的木雕版印制。一个熟练的工人采用这种方法，能达到跟我们工人用压印机印制一样快的速度。毗邻印刷房的一间屋子里，装满了架子或开口的盒子，里面整齐地排列着雕版。每块雕版上有4个页面内容，因此大部头书的雕版体量非常之大。不重要的作品一般印得很草率，印有些作品时，因为一开始就不用心，整本书印完，字就几乎不可识别了。书的价格很低，主要街道上一般都有许多书铺和书摊。这里书的装订与我们的截然不同，封面只是一张软纸，书名写在书的封底[①]边缘。五六册书装在一个硬纸盒里，排放在架子上，书名朝外。据说假的版本非常普遍，我也未见这里有任何保护版权的法规。因此，原版的许多不完整抄本都在流传。

有时你也会看到黑底白字的印刷品，就像铜版蚀刻，印版上的文字是凹的。这种印刷品往往是各种字体的字帖，供人临摹习字的，还有一些是学校的课本，我偶尔见过。这种印刷品的封面通常都是木制的。

据说赫赫有名的康熙皇帝拥有大量用铜铸造的活字，铜荒时乾隆——马戛尔尼（Macartney）[②]勋爵使团访华时在位的那位皇帝，下令把它们都熔化了铸铜钱，后来他又后悔这样做了。为了在一定程度上弥补这个损失，乾隆下令制造了25万个木活字。

---

① 实为封面。——译者注

② 英国外交官。1792年率领英国使团首次访华。因拒绝向乾隆皇帝行三跪九叩之礼，其所率使团提的各项要求包括开埠通商等均遭驳回。——译者注

木活字印成的雕版初称活版或活字版。乾隆认为不雅，遂将之改名为“聚珍”，即聚集在一起的珍珠。远在满族人征服中原之前，据说宋代的活字是用泥土烤制而成的。

古埃及人与中国人 / 文字密码

根据德金的假设，中国人是一个在远古时期离开埃及，到中国定居下来的群体。这是一个相当大胆的假设。早期中国人的象形文字与在埃及发现的用来装饰古物的圣书体，有着神秘的相似性，由此看来，上面的假设也就没有想象中的那么疯狂。据《华英字典》，中国人深信在远古时期人们就结绳来表示统治者的意图，也在一定程度上用它来表达人的想法。据说，在伏羲氏第三代，黄帝统治时期，一个叫仓颉的人通过观察星座的形状、龟壳上的纹路以及马蹄的印记，最早有了造字的想法。[1] 中国人就是这样来解释汉字起源的。汉字这种艺术最早是对物体或想法的大致描绘或符号表征。埃及人的圣书体应该是他们最早的文字记录，而中国人用同样的象征符号来表示类似的对象。对这个问题有了更多的认识后，或许可以有效地运用上面的例子，从而得出中国文字有着埃及源头的结论。[2]在这里说几个我在刚学汉语时遇到的字例，也是一些有趣的例子。它们或会引起在这方面更有资

---

① 《华英字典》序言，1卷，第1部分，第1页。——作者注

② 此仅为作者根据一些例子的揣测，不足为信。本文对古埃及文字和中国文字同源性所作的假设推论是缺乏科学性的。——译者注

历的人的研究兴趣。

下面这些汉字与埃及字并不完全一致，但相似到足以让我们有理由怀疑它们是同源的。

马礼逊博士在他的《华英字典》里，给出了有关汉字逐渐演变的各种记录。从这部新颖而广博的著作中，我选取了一些古汉字，它们看起来特别能帮助阐明我们的问题。

中国最古老的记录里用来表示水牛或奶牛的符号，是对这种动物的一个粗轮廓描绘，与在埃及石碑上看到的字并没什么差异。

“女”字是这样表示的。“子”，代表一个男孩或孩子，是对人本身很好的模仿，即。上面这四个字象征性地表示“子”的意思。

“子”有各种变义，但变义之间仍关系密切，有子孙、孩子、儿子、后代或人们等意思。

在《克拉克博士的旅行》（*Dr. Clarke's Travels*）第5卷，有一幅在塞伊斯（Sais）①发现的一整块埃及圣书体石碑的图画。克拉克博士试着对一些符号进行了解释，其中好几个与汉字很相像，其他符号与汉字也接近。第37号字 ◉ 据说是“日”的古埃及圣书体，古代汉字的“日”是这样写的⊙，与古埃及圣书体非常类似。据克拉克博士说，第1号字也表示“日”，但它与汉字“月”很相像，因此可能是“月”的意思。克拉克博士认为代表“水”的圣书体字，与汉字“水”的象形字相像，只是在汉字“水”的象形字

① 为埃及第26个朝代的首都。——译者注

中，线条是上下叠加而非连续的。[1]

埃及石碑上这个字的实际意思可能不是“水”，而是延绵的“山”，因为它与汉字“山”的象形文字  相像，表示一座山或山脉。

还有一个有趣的例子。埃及人著名的“飞翼圆球”，与中国人的门上方或墓碑上的一种装饰图案差不多，见下图。

埃及人的图案

中国人的图案

还可以举出许多例子来说明这两个相隔遥远的国家原始语言之间明显的相似性。我再给些例子，把它们作为文字构造的样本，希望对文献学有深入了解的人能感兴趣，以继续这样的研究，并引出更多有趣和令人满意的结果。

“串”，意为“连接”，一根绳上的珠子。在它最初的字形里，珠子是这样串的  。“马”曾经是这样写的 ，如今变成了这样 。“舟”，一艘船，“月”，月亮，还有很多其他的字，如前面的字一样，可能也可以用来作为例证。中国古代的汉字从右写到左，或从左到右，或竖排，并无差别。用哪一种书写格式在很大程度上取决于人们刻字的物体的形状。[2]

① 甲骨文“水”写作 ，与书中所绘不完全一致。——译者注

② 古代中国和古埃及文稿上的字往往是竖排的。——作者注

杨医生（Dr.Young）[①]和商博良（Champollion）[②]先生的发现有希望很快给我们一些线索。这样，所有埃及圣书体的奥秘可能会被解开，中国人和埃及人身份的关联可能会得到令人满意的证实或否定。

马奎斯·斯皮内托（Marquis Spineto）强烈赞成这种关联性，并引用了马丁努斯·马蒂乌斯（Martinus Martinius）著作中许多代表着关联的例子，来证明这种假设的合理性。但是，他在关于埃及圣书体的讲座[③]里给出的文字不够准确，因为他把较古老的汉字当成了现代汉字。那些熟悉中国汉字的人在检查他的例图时会很明显地看到这一点。

虽然斯皮内托努力想证明，中国在远古时期已有埃及人部落居住，并引用了双方古文字即象形文字的相似性来加以证明，但他也说过："我或许可把这些观察扩大化，以引出更多的例子来证明：起初世界上所有国家采用了物体的形象来表示同一个东西，对于这个物体的形象，每个国家给出了一个发音。这个发音可能在有些情况下与在其他国家已被改变了的发音非常不一样，但它们仍有着同样的符号。也就是说，它们都被用来表示同一个对象或物体。"如今这并不能证明中国和埃及的关系，也不能进一步表明最初所有国家都使用同样的标记语言，因而这种标记语言是各国分散开来时

① 英国医生、物理学家，光的波动说的奠基人之一。他也是最先尝试翻译埃及象形文字的欧洲人之一。——译者注

② 法国历史学家、语言学家和埃及学家。他是第一位识破古埃及圣书体结构并破译罗塞塔石碑的学者，从而成为埃及学的创始人。——译者注

③ 第8讲，p.270，象形文字的元素和埃及文物，由剑桥大学现代史副教授马奎斯·斯皮内托于1829年讲述。——作者注

唯一使用的语言，它也就是所有人的共同语言。埃及与其他古国的关系，如与墨西哥的关系，就和它与中国人的关系是一样的。

德金和马礼逊博士的字典中——后者的字典更完美，涵盖内容也更广博，每一个实例都给出了古代、现代和其间的过渡字形，展现了从简单符号到自定义标记的变化。自定义标记相对于其他符号没那么难形成，但同等重要。汉字与埃及字的结构很相似，一个有趣的例子是“孵”，孵蛋的意思。古汉字的“孵”，是一个符号，代表一只幼鸟或是鸟爪下的后代，表示孵的动作，字面意思是孵化或繁殖。

在字的绘制和表达上，可以看出埃及圣书体和中国象形文字有着很大的差异。前者较之后者，不仅在独特性，而且在表达的准确性和优雅性方面，都要胜出一筹。[①]

如果是这样的话，我们无疑应该看到，其他同样古老的国家如印度，也有与埃及语和汉语一样类似的象征性文字符号。但是我们并不能确定这一点，尽管一些邻近国家自命与中国一样古老而辉煌。

① 我给那些可能急于研究这个主题的人推荐以下作品：汉字方面有马礼逊博士的字典、德金的字典，以及有关古汉字的中国本地字典；关于埃及圣书体可参考马奎斯·斯皮内托、斯庞（Spohn）和让-弗朗索瓦·商博良的作品，以及塞法斯（Seyfarth）的*Rudimenta Hieroglyphices*（拉丁文，意为《象形文字基础》）。——作者注

女人 / 残忍的裹脚

中国女人不能享受某些地位和权利，而这些地位和权利在一些国家里被认为是女性应该拥有的。她们一般很无知，受的教育主要在家庭事务方面。有学识的女人极为罕见，以至于女人的成就会成为人们歌颂的主题。女人的形象在颂歌里成为永恒，她们美丽的容颜也被画在扇子、屏风等物件上，供后世敬仰。下层阶级的女人要从事各种卑微活计，而那些有地位的女人则把时间花在音乐、鸦片和其他消遣上。有地位的女人不用从事任何体力劳动，因此她们的指甲可以留得超长，特别是小指的指甲。这些女人抽不少鸦片，她们的烟枪通常由细长的竹子制成，烟头是银或白铜做的，烟嘴是琥珀或宝石的，非常雅致。用来做烟杆的竹子并非一样齐整美观，竹节也非一样均匀，孔也不一样通透，因而它们的价值各不相同。那些完美无缺的烟杆，价格也就非常昂贵。

音乐是最受人喜爱的休闲方式。各种丝竹弦乐[①]，还有其他外形优雅、音色漂亮的乐器，对一个中国美女的闺房来说是不可或缺的，那些幽居家中的美人就是这样一成不变地

① 原文为“guitar”（吉他），但此处作者当指中国的各种弦乐器。——译者注

闲散度日的。而下层阶级的女人的生活则是永无休止的劳动和长年的风吹日晒。她们不仅要做其他国家女人应做的事，还要自己或让孩子为遍布河道的小船引航。她们是这些流动的水上房屋的支柱。她们生于船上逝于船上，从未上岸生活过，除了船和船上的东西，一无所有。因为长年的风吹雨淋，加上暴晒，她们的皮肤变得黝黑，也没有富贵人家女子那种恹恹的表情和柔弱的身形，外表上看起来就像另外一个民族的人。船家女子如同男子一般有力气，举止行事也如男子一般，因从小划船，早已适应那些沉重的船只。她们就这样住在船上，以干这种劳累活为生。

穷人家的女子，在公众场合毫不遮掩，尽显自己的本色。但只要家里还算殷实，女人们只有坐轿才会外出。轿子上装着帘子，可以很好地遮住坐轿的人。实际上，在我们眼中，没几个中国女人的打扮称得上美丽。那些有能力打扮的女人，因为脸上涂满了脂粉，对外国人来说，也不过是令人好奇的对象，并不真正吸引人。她们的头发一般长而浓密，总是梳得很齐整，看起来非常精致。她们头上饰有金钗或银钗，戴着花，比如印度茉莉。茉莉散发出令人心怡的淡淡芳香，配在头上很好看，也显得有品位。

小脚①在中国极负盛名；那些有幸拥有小脚的女子，比家里的其他女子更有地位。而那些没有裹脚的女子，对自己自然生长的大脚极为不悦。裹脚的传统，很久以来被认为是源于中国丈夫的嫉妒，而实际上是为了模仿中国古代的某位皇

① 小脚被中国人称为“金莲”。——作者注

后。[1]这位皇后被下令把脚缠得尽可能的小，以迎合皇上的奇思绮想。[2]自然，她的行为很快被朝廷里其他贵妇争相仿效，裹脚因此成为一个长久的传统。

裹脚的风俗流行甚广，人们以之为美。有些女子被这个可怕的习俗害得不浅，以至于不能远行。当她们不得不走远路时，会备感煎熬和痛苦，因此不得不在走路时拄一根棍子，或扶着侍女的肩来作支撑。

裹脚使血液不能流到脚部。当缠脚的布[3]被解开后，据说脚完全不能支撑身体。为了时尚，女孩从小就得缠足，承受这种不人道的折磨。听说裹脚后需密切关注脚的成长。裹脚带来的疼痛时常使她们在没人注意时偷偷把裹脚布扯下来，让脚放松。我前面讲过，一位拥有可怜的小脚的女子因这时尚的“金莲”，在家中享有更高的地位。裹脚的后果是使人过早地成熟变老，这些女孩年龄很小就成婚了。那些没有裹脚的女孩，确实没能像这些性情温顺的裹脚女子一样早早成家，但是，在那些令人羡慕的裹脚女子的魅力消失好久后，她们还保留着青春的容貌。

这些奇特的脚的长度从4英寸到普通的女性脚长不等。有些人的脚因裹得不紧，没能阻止脚变长，而只是压制了脚的大小。那些被裹得很紧的脚，很少会长得比最初裹脚时长。

---

① 当时，这个庞大的王国被分成许多小国，由王统治。——作者注

② 有一种说法是裹脚风俗来源于南唐李后主的嫔妃窅娘。李后主为其专门制作了高6尺的金莲，命窅娘以帛缠足，使脚作新月状，再穿上素袜在莲花台上起舞。——译者注

③ 用铁鞋裹脚的故事完全是虚构。类似于外科医生用的那种绑带，是用来使脚变小的唯一手段。——作者注

裹脚时，脚趾头被折到脚板下，脚尖只剩下大脚趾，也只有大脚趾才得以保持它原本的形状。

在大街上，时时都能看到因时运不济而堕入贫困的女人。她们跛着脚，备受折磨——裹脚布成为她们以前等级的唯一标记。她们中许多人的脚上几乎没穿什么，遭受着因多年来裹脚而导致的营养不良和畸形的痛苦。

听说中国的父亲说到裹脚很是憎恨，但他们却促进了这种风俗的盛行。对不裹脚女人的公开嘲讽，更成了裹脚继续存在的原因。

小孩 / 好笑的小贵族

下层人的孩子非常健康、充满活力，是有意思的“小游民”。他们身上没有沾染上贵族士绅身上那种礼节性和仪式性的东西，与那些故作沉稳的君子形成了鲜明的对比。士绅自出生起，就被严格要求遵从合适的行为和礼仪。在耕地或船上，我们常常可以看到，即使幼儿也在帮父母干活。可能是一对兄妹飞速地划船，船桨是如此之大，看上去他们几乎是划不动的；也可能是一个男孩挑着竹扁担在路上走，扁担两头挂着东西，看上去重得像要把他压垮。就这样，孩子们从年幼时就开始了劳作。随着年岁增长，他们变得强壮，可以干远超过他们同龄人能干的活。他们的衣食是最粗糙的那种，在船甲板上铺一张席子就是他们平日里的床了。与这些“小野人”相比，富人家的孩子苍白纤弱，一举一动可以看出深受礼仪教养的影响。五六岁的小孩子穿着全套礼服，看上去特别好笑。他们身着宽松的长袍，头戴饰有代表品级的顶珠的帽子，脚踏雪白底边的黑缎靴，头发整齐地织成一条辫子，从背部长长地垂下，末端用彩色丝绳系起来，加上坐立端庄沉稳，使这些小士绅在外人眼里很好笑，让人想起18世纪早期荷兰和英国印刷品上的儿童的荒谬形象。

在广州，孩子们只会模仿那些被贵族士绅认可的大人的行为举止。他们不能骑在棍子上玩，也不能像欧洲小孩一样，每日无拘无束地调皮捣蛋。相反，他们会就如何体面地用扇子，或一个复杂的行礼程式而相互竞争。因为这样的教育，以及长久以来受到的严格管束，他们在成长过程中变得过于讲究礼节、做作而无情。因此，那些谴责整个国家的人的性格冷酷无情的人，应该考虑一下他们所受的特殊的教育对成长的影响。他们的头发也是需要精心打理的，通常孩子很小时头发会被剃光，以确保再长出的头发丰盈有力。在到梳辫子的年龄前，小孩头部两侧会留两片头发，然后用丝线编成总角，从头两侧硬挺挺地伸出来，就像一对直直的角。

孩子

中国人的性格 / 率性的广州人

光从广州这里的人来判断中国国民的性格是困难的，可能也是不公平的。大城市的居民整体来讲，通常没那么友好，比乡村小镇的人也多一些诡计。广州作为中国对外贸易的主要城市，与其他城市相比，有更多工于心计、心思狠毒的人。广州人率性不羁的性格，在中国是人所共知的。中国人把广州人的率性归咎于住在那里的外国人，正好体现了他们实实在在的虚伪和欺骗。我不想对中国国民的性格给出一个明确的意见，因为我不认为我与这个民族的交道足以让我真实地作出判断。马礼逊博士在中国住了许多年，也曾随上一届英国公使到过北京的朝廷，有难得的机会来近距离观察这个奇特的国家的人民。他对中国人“足以让人恭维”的性情作了如下描述：“如果不是因为对利益感兴趣或出于害怕，中国人对外人傲慢、无礼、冷淡而充满欺诈。当一位商人有求于外国人时，他会恭维这些外国鬼子——他们如此称呼外国人。特别在没有自己的乡人看见时，他可以极尽奉承之能事。而自己国家的某个卑微仆人的存在，会使他不那么容易放弃自己想象中的优越性。”“几乎没有中国仆人对他们的欧洲主子表现出感激或依恋。”

“中国人一般很自私、冷血和不人道。”他还说：“他们讲究体面，但不真诚；易羡慕别人，喜妒嫉，并且极不可信。”[①]这位尊敬的绅士简直不给自己任何空间来表现他的仁慈。根据他所说的，跟这样一个民族，与这样一群糟糕的人打交道是一件极不幸的事。对中国的强烈偏见影响了作者的笔调，在他的笔下，所有的中国人毫无例外地遭到了谴责，整个国家也被认为是毫无价值且异常恶劣。在广州短期居住过的外来人在离开时怀着对当地人的坏印象，实际上这个城市的居民没有太多可以让人钦佩的。但是，我并不认为这种对一个城市的居民看似公正的批评，真正适用于整个国家的人。在中国人里，广州人以“品行恶劣”闻名，所有这些，如上所述，归因于他们受到了洋鬼子的恶劣影响。

仆人

① 参见马礼逊的《中国观》。——作者注

古代历史与传统 / 圣人的神奇

远古的历史多数含糊隐晦，被保留下来的最早有关传统的记载，因为里面有着太多的虚假和夸大的痕迹，以至于使中国的古代史不足为信。他们的历史学家称，在我们有记录之前，中国已有几千年的历史。除了他们的吹嘘，小说化记载也歪曲了那一部分历史——虽然可能存在部分真实，但也使他们关于历史的叙述被质疑和不被信任。比如，相对于中国远古史里的一些英雄，孔子是一个很现代的角色。我们读关于孔子的记载，会发现那些描述不同寻常，字里行间满是严肃认真，这让我们觉得很有趣。它也更使我们确信，这个“中央王国”①的居民所引以为傲的圣人的神奇价值，并不足为信。至于他们所谓的“古老的文学”，戴维斯（Davis）②先生在他的《贤文书》③中曾指出：“中国古代史书里的荒诞故事，在很大程度上驳斥了中国历史的真实性。它们给耶

① 中国人称自己的国家为“中央王国”，自认为是地球的中心，而其他国家被安置在了自己附近。这是他们极强的民族虚荣心的典型例子。——作者注

② 汉名德庇时，英国外交官和汉学家。1816年他作为英国使团随员到过北京，1833年被任命为英国驻华商务监督，1844年就任第二任香港总督，并兼任英国驻华公使。——译者注

③《贤文书》（*Chinese Moral Maxims*），于1823年出版。——译者注

稣会士们对中国古代的记载所带给人们的隐性认知，下了一剂强大的解药。实际上，他们最古老的历史著作，如孔子修订的《春秋》，并不比希罗多德的著作年代久远，亦不如荷马史诗那般古老。”他们声称自己国家在其他国家有传统的萌芽之前，已经存在了数千年。他们原始的君主统治非常像《圣经》中玛土撒拉（Methuselah）[①]的一样。这个最谦虚的民族不仅夸口自己起源的古老，在大多数实用的艺术和发明上亦如此。比如，他们断言火药最早由中国制造，在欧洲人知道它之前已在中国存在了几百年。疫苗的引入主要是亚历山大·皮尔逊（Alexander Pearson）[②]推动的，他是东印度公司在中国的高级外科医师。因为他的善举，中国有了对付天花的疫苗，当地人对“外国发明”的偏见也消除了。中国的医师熟悉了接种的过程，接种在广州被普遍采用，并逐渐在其他省份流行开来。当疫苗接种在当地人中得到了稳定而良好的口碑时，一名最早接受过接种方法指导的中国医师，用他的母语发表了一本著作。在书中，他得意地向自己及读者表示，接种本来是一个古老的中国习俗，只是外国人把它给复兴了。他认为，如此重大的发明，实际上应归功于中国的圣人，而非无知的外国人。

① 据《希伯来圣经》记载，他是亚当第7代的子孙，极为长寿，在世上活了969年。——译者注

② 英国东印度公司医生，1805年将牛痘接种引入澳门和广东。——译者注

古玩/赝品的鉴别

在中国的上层阶级中，对文物和珍品的赏玩很是流行。没有古玩的富人家是极少见的。房间里的一张或好几张案几上，会摆设中国古代的花瓶、古老的铜制祭器，两旁还陈列着各式盆景和嶙峋的怪石。中国富人对古代名家的题名、字画和墨宝，有着极大的热情。有些画作极富生气，其中竹子是中国画不可或缺的主题。用毛笔作画，其生动的笔触可极好地表现出竹子的形态。有些珍贵字画的价格，堪比欧洲那些旧书和手稿。

古玩商人出售的赝品，可以做得天衣无缝。他们制造复制品，卖给不懂行或易受骗的人。鉴别赝品需要有长期实践积累的经验。在广州和其他大城市里，多有专门收集旧金属，并用它们来铸造青铜器和青铜器复制品的人。这些复制品被酸腐蚀，埋在土里一段时间后，会呈现出一种仿旧感。除非小心鉴别，它们与真品极难分辨。但经仔细鉴别，赝品身上的绿锈会露出马脚。因为有年头的青铜真品上的锈，几乎与青铜本身一样坚硬而紧密，而赝品上的锈很容易被刀划破。这样的测试也适用于古钱币和徽章（medals）[①]，它们被视为次于青铜器的稀有品。钱庄庄主和钱商保留旧钱币，经常有大量钱币待售。钱币的价值由它们的年代和保存状况决定。

中国的钱币和徽章是铸造的，用的模子是细沙做的，因此图案没有精雕细刻，表面也经常是粗糙的。经常看到孩子们脖子上挂着成串的徽章，作为避邪和防意外的护身符。中国人对与某种水果或动物相似的石头有一种狂热，有时这种痴迷还到了荒唐的地步。

有人收集奇形怪状的蔬菜加以雕琢，再加上一点必要的装饰，使之看上去与某人或某种动物形似。他们从天生长得古怪的东西身上获得一大笔钱。对于其他的则根据加工后的奇怪形状定价，其要价远远超过我们对它们价值的估计。

这些奇珍异品的另外一个魅力在于它们的产地。如果一块木头在雅致奇趣上形似某样东西，又是从孔子的墓里出来的，会让中国鉴赏家们觉得尤为珍贵。我们要是看到与如此尊贵的地方有着关联的某件物品，感觉也是一样的。

如果古玩被精心保存且状态良好，价值会上升不少。古玩通常被安放在一个深色的木雕架上。古董商一般会选择一样中心物件，再找一对在外表和品质上与那件古玩相似的东西，摆成一套。比如，一个用来烧檀香木或香的古老的铜香炉和一对铜罐，就成了小庙里最常见的装饰，它们被摆放在

① 从描述来看，指的是压胜钱（亦称厌胜钱、押胜钱）之类的古董。——译者注

寺院入口处或殿堂里。

这些艺术品的雕琢技艺很值得我们关注。有些古玩因它们精美的装饰和非同一般的外形而引起了人们极大的兴趣。这门艺术现在已不如以前讲究，仿制品与之前的相比，确实是大为逊色了。

为了模仿再现古董的雅致，古董商们费尽心思，在现在的器具上粗糙地添加一些东西，但这种赝品很容易被人看出来。这些商人几乎毫不在乎名誉，因此不惜用各种“聪明手段”来欺骗外行人。他们常撒谎，但有时撒谎也无济于事，因为有关古玩的离奇故事一定会让人产生警觉。我要提一下我曾打过不少交道的一位古董商的轶事，他的店铺里有一些非常有趣的古董，我曾在店里见到过一个模样别致的旧黄铜茶壶。在我拒绝他要的高价后，他使尽全力向我证明茶壶的古老。他一再保证自己很诚实，并显出一副极诚恳的样子，向我郑重发誓，这个茶壶至少已有10万年了。我马上回话，既然已用了这么久，那它一定不结实。说完我就走了出去，留下那个绝望的老板。中国的匠人们可以把损坏了的古玩非常巧妙地修复好。一个被摔成20块碎片的花瓶，可以在这些修补瓷器的匠人手上复原，重现当初完好无缺的样子。

我见过的一些旧瓷器，有的外形美观、典雅别致，极其引人注目。有时候，尽管一件瓷器形状不佳，外表也不吸引人，但因它曾长期为某位名人拥有，其价值亦远超那些看上去更精美的物件。我常看到细颈白花瓶，看上去真是绝世出尘。它们完全没有上色，唯一的装饰是盘踞在瓶颈的一只蜥蜴或一条龙，打造得极精致。有一种粗俗的说法，称古董花瓶有保鲜的能力，放在里面的花可以久开不凋，要是放在仿制的花瓶里，花很快就会凋谢。在广州并没有如我们想象的那样会常常碰到古瓷，古董店可以看到大量年岁和源头都模糊不清的器皿。古董的价格很高，但在欧洲买到的古玩，与它们的出口国家相比，价格可能更高。

因为对矿物的了解不多，人们把许多地里出产的矿物当成怪物，特别是砂岩上有着树突图案的氧化铁等。神奇的琥珀也颇受人青睐，至于商人们以看似合情合理的方式讲述的它们的生成过程是不是真实的，我就不得而知了。如果中国存在整柜子矿物的话，它们应该几乎全在专业人士手中；尽管我见过像商人等许多人用来摆放古董的精美柜子，我却从来没有见过一整柜矿物或贝壳。

天文、航行等 / 罗盘的制作

中国著作里有关天体运动的准确的知识，几乎都是从耶稣会士那里得来的。在耶稣会士之前，他们中间流行的整个天文和地理系统，是荒谬和不可思议的，有关天文学方面奇怪的误解比比皆是，比如，他们如此解释月食，说月亮是被一条龙给吞掉了，所以人们才看不见它。古代每逢月食，人们会敲打各种响器，发出恐怖的震耳欲聋的声音，把龙从月

月食时敲锣的人（乔治·亨利·梅森，《中国服饰》。George Henry Mason, *The Costume of China*，1800）

亮身边赶走。[①]他们对地理的错误认识同样荒诞不经，当中所表现出的喜好完美和虚荣——他们也正以此闻名，真让人叹为观止。中国被当作构成水陆两地的中心，因而称为“中国”，即“中央王国”。他们认为，其他国家不如自己，离那个艺术、科学和文学的光明而令人向往的泉源之地，有着或多或少的距离。他们极不情愿地承认了天文学和地理学系统的改进得益于“外国蛮子”，但从不随便提起。本地人不停地想压制外国人引入接种疫苗的事实，还有欧洲其他的发明创新。即使那些最具偏见的中国人的崇拜者，也不能对他们的不慷慨和不诚实视而不见。他们企图将别人应得的赞美和认可，说成是自己的进取精神和创造力所致。在航海学领域，他们的进展非常缓慢，对航海也极缺少观察，所以他们会在前往巴达维亚、帝汶等地的帆船上，雇用葡萄牙导航员。除了在很好的天气，中国沿海的船只很少会航行到远离陆地的地方。他们要花好几个月来完成许多欧洲船只几个星期就走完的航程，因为中国船员不急着赶路，航行得缓慢而谨慎，还停留很长时间在港口处理货物，并且要等到季风变为顺风时才返回。

航海者的罗盘据说最初是在中国发明的，欧洲人也认可这一说法，尽管关于这种断言的依据不是很强。广州有许多种这样的罗盘，有些是口袋袖珍型，有些是供帆船使用的。不少罗盘上装有极精致的日晷等。罗盘指针不过1英寸长，朝

① 这也是罗马人的古老习俗。月蚀时，他们会在黄铜船上发出响亮的声音。——参见普鲁塔克（Plutarch）的《保罗·埃米尔》（*Paul Emil*）。——作者注

南的指针漆成红色。[1]指针固定在一块漆得很细致的木板的中央；木板中央也有一圆孔，由一小块玻璃盖住。围绕着罗盘中心，占据整个表盘上层的是一幅历书，其图案和标记以同心圆排列。罗盘多采用黑红两色，制作完成后，整个罗盘表面会涂上几层厚厚的、透明的黄色清漆。没有什么比这些罗盘更简单和便宜的了。它们尺寸不一，直径从1—1.5英尺不等，制作得一模一样。我在中国帆船上从来没看到过任何其他天文或航海仪器，他们可能也没有什么其他的仪器。广州造的最低级的小望远镜，是对最劣等的德国望远镜的糟糕模仿。所有那些在引水船和大帆船上使用的航海仪，都是优质的英国望远镜——船员完全清楚它们的价值。

① 中国人称磁针为“指南针”。——作者注

医学 / 江湖郎中的幌子

大部分民众条件非常有限，很少能求助于知名的医师，而人们对专业护理的需求比对那些江湖郎中的需求大多了。大街上到处是江湖郎中，嘴里嚷嚷着药物的神效，身边常围着一大群人。他们摆出大大的幌子，巧舌如簧地诱使那些轻信而无知的人上当。有的人因买了他们的“灵丹妙药”，几致生命垂危；有的人因他们的长生不老药，落下了永久的伤。我不确定这里有没有法规规定合法行医。从到处是这种江湖医生不受干扰地行医来看，不太可能有这类法规的存在。这些庸医通常坐在大街上，身旁乱放着一大堆药草和其他植物、一小箱备好的药，前面还放着一个花岗岩质地的研钵。有些药是局部使用的，比如膏药或艾灸，有的是茶和汤剂等，大多只能把病人“送去见祖宗”。要是不谈那些在全国流行的无知迷信，一般行医者在处理一些简单的病患时技巧是娴熟的，但需要做外科手术时，他们就完全手足无措了。要是病人需要截肢等类似的重大手术时，就只能听天由命了。他们药剂师的操作与我们的一样，医师开的处方被送到药剂师那里进行配置。中国人的药典里有大量我们不知道的药物制剂和草药，也有不少与我们采用的非常相似。前者有蝎子、犀牛角、象尾、各种皮等，好几种风干的昆虫，其中一些是用来泡发的，还有野猫的骨头以及这个国家特有的许多种强效植物。后者有大黄、某种干草和几种膏药。从用途的广泛性来看，人参是久负盛名的最重要的药材之一，鹿角被当作一种珍贵的壮阳药大量使用。而在我们的行医中，鹿角和其他好几种药物已被其他更有效的药物替代，早就不用了。

艾灸和刮痧在医治小恙时用得很多。后者治疗方式最简单，只需用一文铜钱或其他小铜币刮受感染的部位，直至感染部位的皮被擦掉。中国的医师极注重诊脉，包括身体各部位的脉，也主要根据脉象来判断病情。诊脉被看得如此重要，以至于医学学位考试主要依据考生诊脉的水平。杜赫德的《中华帝国全志》里记载了一位名医所撰写的有关诊脉的医学著作，里面所载症状一般很详细。中国的医学著作可谓汗牛充栋，但大多为无关紧要之作，那些真正值得称道的著作只占很小的比例。

街头叫卖的药剂师（乔治·亨利·梅森，《中国服饰》。George Henry Mason, *The Costume of China*, 1800）

音乐 / 不和谐音

德金和沃恩（Waln）[①]可能会同意把中国音乐称为令人不快、不和谐音的一种糟糕的杂音，中国乐队所发出的声音，确实称得上是“音乐狱”。对于那些对和谐音稍有一点敏感的人来说，中国乐队发出的嘈杂而不和谐的音是令人震惊的。表演者似乎主要是在努力制造噪音，而不考虑音乐的韵律或其他特质。但也不能认为，如果他们注意了音的和谐和长短，这些乐器在一起合奏就可以产生悦耳的音乐；相反，那种合奏的声音本质上是令人恐惧的，我们不可能期望它能产生让人舒服的甜美和谐之音。单种乐器，比如各种弦乐器，若由技巧熟练的表演者弹奏，是能够发出动听的声音的。然而，在整个乐队中，铜锣、钹和最糟糕的喇叭，把所有柔和些的声音都淹没了。乐队开始演奏时发出的声音非常难听，我估计对于一个作曲家来说简直比死还难受。一般来说，中国音乐极单调，或极喧嚣响亮，只有几首曲调符合我们的口味。

弦乐器[②]有许多种，其中月琴和琵琶是最流行和动听的。

① 美国汉学家。——译者注

② 原文为“guitar”（吉他），此处当指中国的弦乐器。——译者注

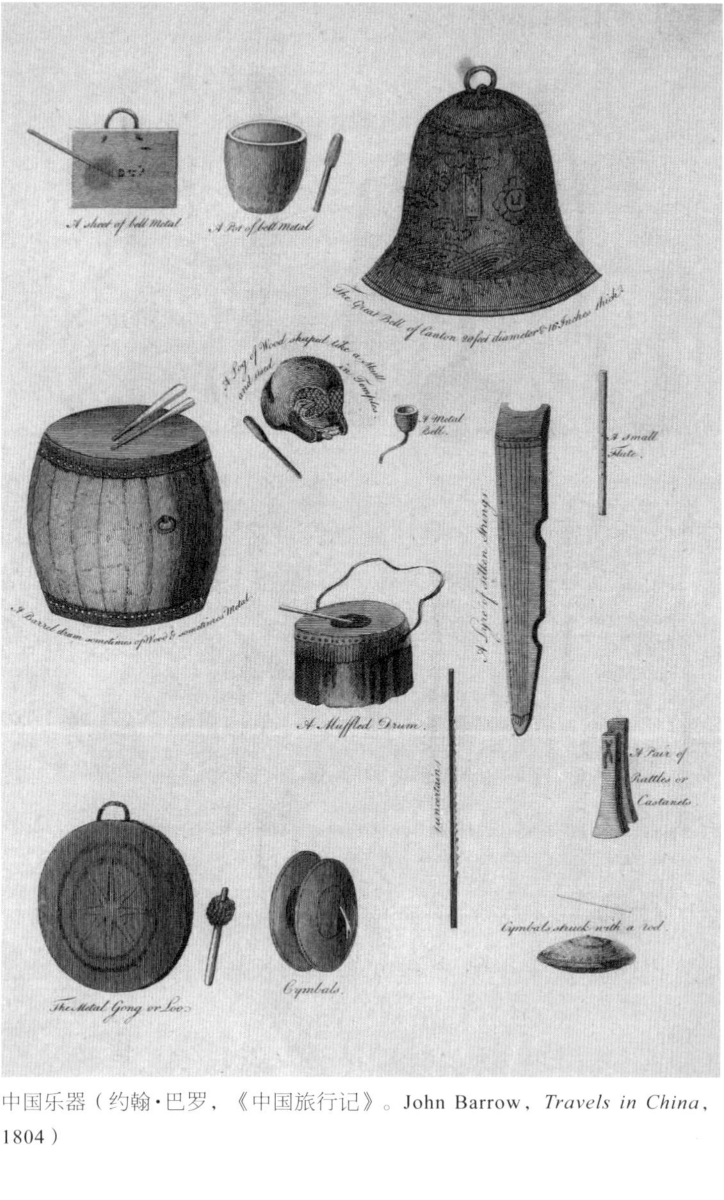

中国乐器（约翰·巴罗，《中国旅行记》。John Barrow, *Travels in China*, 1804）

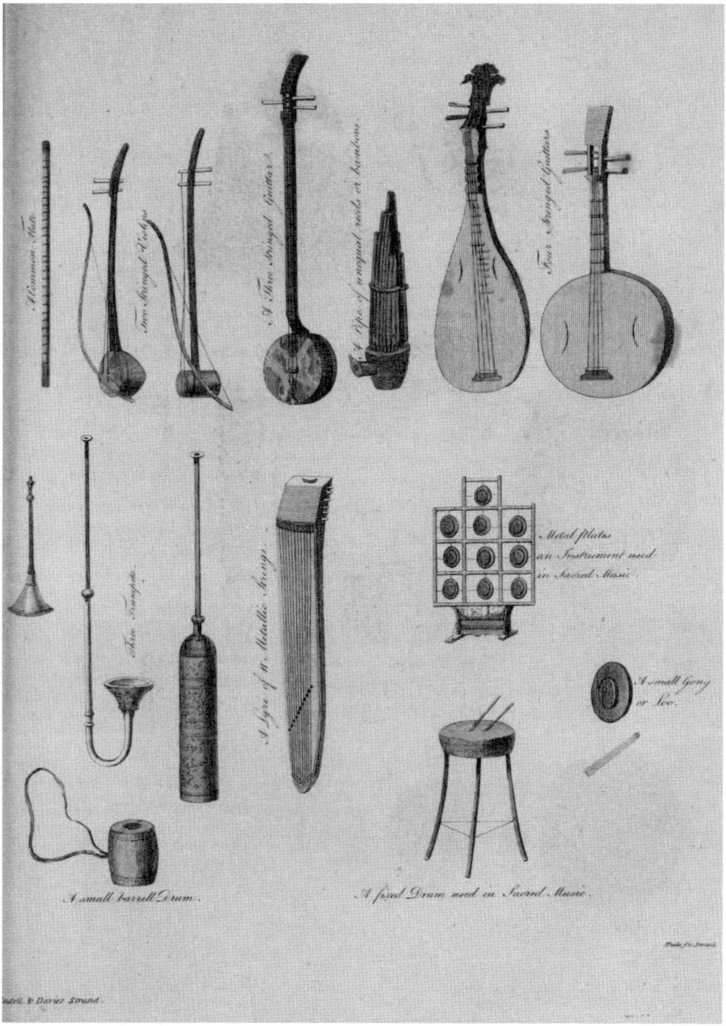

中国乐器（约翰·巴罗，《中国旅行记》。John Barrow, *Travels in China*, 1804）

晚上经常可以看到盲人演奏最受欢迎的本地小调，极具韵味。但是，当有伴唱时，那种魅力一下子全消失了，只让我们这些失望的听众受尽折磨。

中国音乐的主要乐器有：大型木鼓、铸铁铃铛、铜或黄铜制的空心的碰铃、相互撞击的响板、用小棍敲打的木鱼，还有钹、笛、唢呐、铜铃、小鼓、琵琶等。唢呐有好几种，有些极长且薄，身子可以伸缩，这样更好携带。除此之外，有一种音色很美的口琴，还有一般由乌木制成的古筝，通常平放在桌子上演奏。这几种乐器音色柔美，其中上等货的价格非常高。

风格粗犷的乐器中很少有比锣更有名的。在短短几年之内，人们就推敲出了用来制锣的金属成分。军用锣以声音低沉和浑厚著称。民用锣的声音很浅，它看起来就像是把一片圆形的金属板从四周向上翻起2或2.5英寸。它的音色自然没军用锣那么饱满和洪亮。偶尔也会看到一些较小的锣，中间凸起是用来敲打的。敲锣的人肩上扛着一根杠子，一头很重。锣挂在另一头，置于敲锣人前面，正好可以平衡重量。锣槌的一头紧紧地扎着一个棉布球。

赌博 / 水果赌注

在中国，赌博这种恶习盛行于社会各阶层。嗜赌是普遍的，无论富人还是穷人，它都是打发闲暇时光的主要方式。在大多数小孩子用来娱乐的赌博游戏中，赌的东西并不重要，从他们的专注和急切来看，他们从过程中获得的乐趣是无穷的。人们如此热衷于博彩，以至于广州大街上叫卖水果的小贩也与客户以水果为赌注。整个过程是这样的：买水果的男孩先放下一半的钱，然后和卖水果的小贩比扔骰子，如果卖水果的小贩得分高，钱就归他了，买家只好空手而去，到其他地方去碰运气。如果买家赢了，他就可以以半价买得水果。骰子盒是一个瓷碟，上面盖着一段竹节，就像一个杯子。就这样，他们开始摇骰子——骰子是用四角圆润的骨头做的。

还有另外一种赌法，是用装在圆竹筒里的木签来玩的。有些木签的底部有漆色，有些没有，它们露出来的一头都一模一样。当买家抽出一支有颜色的签，他就赢了。否则，他的赌注就会被卖水果的收走。

海军 / 武器装备

中国海军拥有无数大小不一的船只，但其实力与拥有的船只数量相比，则是徒有其表。我看到的最大的战舰上，安装了8门小炮，重量轻于发射12磅炮弹的炮。从他们放置炮方式的不寻常，可以看出这些炮很少被使用。每门炮不是固定在一个定死的炮架上，炮耳丝毫不能转动，就是绑在横穿船舰的横梁上。因此，用炮瞄准时，必须操舵来转动船只，直到找到目标。然而，船在海上航行，或遇到强风时，要让炮击中中等大小目标的机会定然很小。其他小炮或火枪装在船舰的不同位置，由火绳点燃击发。用火枪瞄准时，把短枪托抵在肩膀上。火枪的子弹是铁做的，大小相当于我们这边的葡萄。这里要提一下，中国人用的所有炮弹和子弹，包括打猎用的最小的子弹，都是用铸铁做的。各种剑、长枪、长矛和长戟，就是他们的进攻性武器。而可以抵挡火枪的藤制大盾牌，就是用来防御的武器。尽管弓箭在军队仍占有一席之地，但船上似乎已不再使用它们了。

很少有其他国家的人在管理船只的技术和细心程度上，能与中国人相提并论。如果他们对海员和导航员的工作要求同样熟悉的话，前面的优势将使他们在海上变得非常强大。

海员从年纪很小就待在船上，对管理船只非常熟悉。很少看到因为官员的疏忽或无知，而使船只相撞受伤。否则，在这个庞大的国家如此拥挤的河道里，由于经验不足或不够小心，每小时可能会有无数起事故发生。广州的火药特别粗糙，颗粒大于我们的，每粒都很圆，看起来像是单独轧制的。这种粗糙的火药被不加区别地用于火枪或大炮，好像用火绳就可以轻易点燃。

军事 / 难带的兵

作为一个国家，中国主要靠它庞大的常备军来维持稳定，常备军是用来镇压一般的叛乱的。官员的贪婪和肆意勒索，确实有时会逼使某地，甚至某省公开起义来与政府对抗。但对这个中央集权的民族而言，不幸的是，叛军首领的利益冲突经常使他们相互背叛，最后沦为背信弃义的受害者。

他们的陆军通常由炮兵、步兵和骑兵组成。大部分战争中所用装备是用骆驼驮运或牛拉的。由于炮兵的固执和无知，他们的大炮并不比海战中使用的大炮更管用。好几支大队伍保留着弓箭，身着防御性盔甲。从盔甲的重量来看，一定会妨碍士兵快速行动，还会使这些“战神的儿子”在撤退时烦躁。女王的军队（指英军）也经常正好在这些战争中大获全胜。事实上，一般中国士兵的军装，特别是军官的军装，看起来很不适应男人战争的需要。打仗时士兵的军装应当能使手脚灵活伸展，而不应是笨重而碍事的长袍。

如果说起在清兵入关后来到广州的那支步兵组成的军队的话，他们一定是士兵里最可怜的一群了。他们几乎没有得体的衣服，武器、装备和其他行头等是最差的。他们行军也没有章法。这些英勇的国家捍卫者，就像福斯塔夫（Falstaff）[①]的军团一样，在街道上走过时步履蹒跚，衣着褴褛，看起来身形瘦弱而可怜兮兮。而另一方面，那些被选去守城的士兵则衣冠整齐，面容健康，但那通常不能被视为本地士兵的标准形象。

给士兵们提供的服饰包括：巾帻，上面带有所属部队的标记；一件有着宽大袖口的短外套；胸前的圆形徽章，上面也有类似巾帻上的标记。再加上长裤、鞋子、宽腰带，就是他们的全部装束了。除了那些以弓箭为装备的队伍外，火绳枪和短剑是步兵的武器。骑兵佩剑和短枪，偶尔还有长矛。

中国士兵的战术非常独特，从我目睹的例子来看，极少技巧性。广州的年度阅兵在城市后面观音山附近的平原上进行。阅兵时，最精锐的部队在指挥驻军的将军前面演习。广州成套出售表现演习的画作，可以用很低的价钱买到。

中国军队里的军官们熟习战法，但可悲的是，在行动中却没有有效执行。实际上，以勇敢和荣誉感等来激励士兵非常困难，以至于军官们不可能带出好兵。清兵在南下占领广州时被他们遇到的顽强抵抗吓得不轻。在多次被击败之后，他们才以人数优势赢得胜利。皇上将这次胜利视为不世之荣。所有生还的官兵得到了奖赏，总指挥被提升到最高军事职位，并受到特别的嘉许。

---

① 莎士比亚的剧本《亨利四世》和《温莎的风流娘儿们》中的角色。他是一个嗜酒而好斗的破落贵族，参加过两次战役。——译者注

中国武器 / 笨拙的火绳枪

中国使用各式各样的武器，比如火绳枪、弓箭、弩、矛、标枪、长枪、戟、单剑、双剑、匕首、狼牙棒等。各种盾牌和盔甲被用来保护自己免遭对方武器的伤害。由于炮兵没有火炮知识，大炮安装不良又发射不力，中国的炮兵队伍也就极不完善。许多用来打仗的武器在设计时旨在给对方造成重创，特别是某些长矛和带刺的箭，要把这些长矛和箭拔出来非常困难，它们留下的伤口也很吓人。有一种由铁条制成的剑，长约18英寸，宽1.5英寸或2英寸，通过反复而猛烈的击打来切断对手的手脚。双剑很短，剑身不会长于一把大匕首，内面打磨得很平，所以放置时可以彼此紧靠，放入剑鞘。双剑剑身底部很宽，朝着剑锋逐渐变窄。因为磨得很锋利，加之很沉，双剑的杀伤力很强。我听说使用它们的主要目标是切断敌人的腿筋，使他们完全失去战斗力。与我们的武器相比，广州制造的大多数武器非常粗糙，并没有完成最后的加工。他们在铸剑的艺术性上比其他方面要强，但用的金属通常质量不好，形状也很差。剑把很漂亮，但却大多不配护手的装置。

中国军队使用的枪械是火绳枪。没有什么武器比皇上的

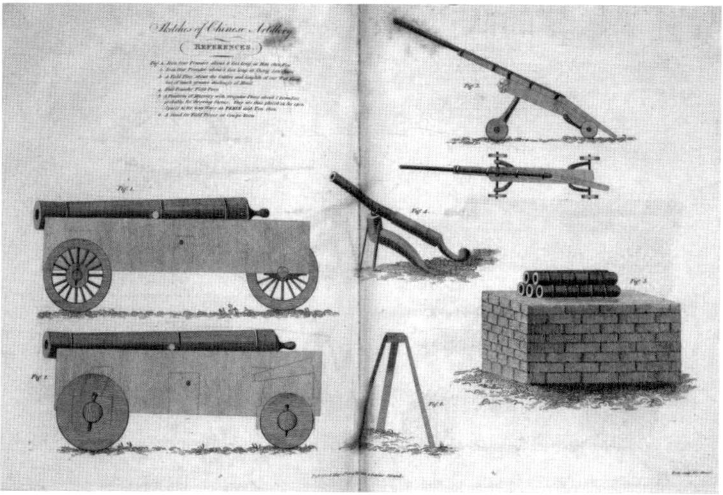

中国的大炮和武器（约翰·巴罗，《中国旅行记》。John Barrow, *Travels in China*, 1804）

常胜御林军使用的火绳枪更笨拙的了。从外表上看，它们就像欧洲引入火药不久后使用的拙笨的火枪。一把普通的火绳枪大约4英尺长，根据它们要完成的任务，可大可小。这些火绳枪没有推弹杆，只是用铁砣将弹药压入枪管。枪机结构很简单，用来托住火绳；扣动枪机后点燃的火绳会被推入火药盘中。枪弹是铁的，火药颗粒很粗，更像是子弹。在一些用来鸣礼炮的短炮中，炮管是用厚铁锤打而成。发射时放的火药很多，以至于开火者会被冲击得后退。海军使用长步枪，枪管很长，大口径，置于枪架上。中国铸造的大炮外表上比我们想象的要好，但使用起来却非常缺乏杀伤力。

葬礼 / 送葬的队伍

有钱人家的葬礼非常奢华。人们还经常花大价钱，把死者的尸体运到其生前选定的埋葬地。经常会有人在离家乡很远的地方去世。按其遗愿，会把他的遗体转到家族墓地埋葬。据说葬在异国他乡是极大的不祥之事，因为到每年农历3月时，就不会有亲朋戚友来墓前祭祀了。有些人出于善心，在每年祭奠时节，会去那些没有亲人来祭拜的坟墓，为逝去的人扫墓。

有些地方被人们当成墓葬的风水宝地，特别是那些位于高处的地方。因为人们极不愿意墓地被土掩盖，或被水淹没。有钱人在选墓地时会挑日历上特定的良辰吉日，还会请风水先生占卜。

葬礼要有一定的仪式。走在送葬队伍前面的是敲锣吹号的乐师，整个送葬队伍数他们发出的声音最大。奏乐的人前面，一般是两名男子，扛着扎在杆子上的纸灯笼。灯笼为蓝底白字，这也是通常用于哀悼的颜色。他们身后是捧着祭坟的水果和祭品的人。棺材上盖着布，装饰着彩色花圈，前面有一男子撒白纸钱。这些白纸钱被切成圆形，有着扇形的边饰。棺材后跟着亲戚们，头发蓬乱，身穿素色的衣服，脚踏草鞋。他们由家里人搀扶着，手里拿着小白棍，上面包着白布。死者的灵轿由合适的人抬着，灵位上放着纸，纸上写有字。轿子后面跟着更多拿祭品的人。队伍的最后面，走着敲锣的人、佣人，还有远房亲戚——他们腰间系着带子，头上戴着白布帽。

棺材大且笨重，木板有好几英寸厚，上面凸起。它造得很齐整，有些用的是贵重木材，因而整个棺材价格不菲。许多人在找到合适的木板后，把棺材做了，放在家里好多年。香柏是用来做棺材最常见的木材，非常有钱的人有时会订制檀木或者其他同样昂贵的木材做棺材。用来修墓的材料千差万别，但墓的形状差不多都一样。墓有一个中心或主体部分，从两侧向外伸出两堵弯曲的墙面，整个长度几乎占了一个圆的2/3。大多数的墓是用大理石或花岗岩造的，最少见的是用砖头和砂岩造的。普通的坟墓不过是一个圆锥形的土丘，两侧各有一条窄窄的弯曲的脊线。墓前方放着一块平整的花岗岩石碑，上面刻着黑色或红色的阴刻铭文。

大墓的墓碑前面设有一个供台，离地面几英寸高。在某个时节，上面会摆放香、食物和酒。人们祭拜时焚烧大量锡箔，还有纸做的房屋、衣服和各种物品，上面都涂有颜色，样子模仿得很逼真。他们认为这些东西会在焚烧后立刻进入阴间，供死者享用。折叠的锡箔则用来代表钱。

据说中国人会挖掘已故父母的遗骸，在仔细清洗后，放在一个瓦罐里。佛教僧侣是死后唯一不土葬的人。他们的尸体会在寺院附近的炉子里被烧掉。如果有人希望土葬，又有足够的钱来支付地和墓的费用，也是可以的。否则，他的遗体会被烧成灰，放在骨灰盒里，然后封闭在离焚尸炉不远的墓庐中。

因为各种情况，有时下葬的时间会推迟。遗体经常在家中保存数月，甚至数年，直至安排妥当后才下葬。这些延误往往是家庭纠纷引起的。死者的亲人每年清明时节要去墓地祭奠，住在离墓地更远地方的亲人，就会不同意选定的墓址，他们会说为了按时去扫墓就不得不长途跋涉，而住得离墓地近的家庭就没有这种不便。

儒学 / 神秘又深奥

这位有名的中国圣哲[1]的跟随者，把“三经”作为他们道德行为的准则，即《易经》《书经》和《诗经》，而《春秋》则主要是一本有关历史的书。也有地位没那么重要的书，如《大学》《论语》和《中庸》，被归入“四书”，“四书”即对4本书的通称。“四书”是读书的孩童手里极易见到的书，特别是《大学》。《大学》主要包括道德评判，附有冗长的注释，字体印得小些。“四书”很为中国人推崇，它最好的版本的标题是用朱墨印的，超大8开。在广州花1银元25分可以买到这4本书，同样的一小笔钱也可以买到孔夫子[2]的全部作品，其中一部是孟子所著——孔夫子是孟子最喜爱的学者之一。儒家承认“第一因”（First Cause），或者说是昊天上帝，以及无数的小神。整个儒家体系的主要观点看起来很神秘。它的论证极为深奥，以至于许多情况下，经翻译后都成了十足的谬论。

---

① 指孔子。——译者注

② 读者会发现我的中文拼字法不同于法国耶稣会的，也不同于沃恩先生的修改版。我遵照了由博学的马礼逊牧师建立的拼音体系。在有关语言的细节方面，马礼逊可以说是最具权威的。——作者注

儒家学派的朱子的道德论将道德简化为两种美德的实践：敬，指对神灵和父母的虔诚与孝顺，以及对人的善心。义，表示正义或公平，两者合在一起就是每个人应尽的本分。他的学说里面没有提到未来的审判，他们看起来也不相信灵魂的永生。

那些想知晓更多儒家哲学主旨的人，可参考德波（De Pauw）[①]、德金的著作，以及《碑文学会回忆录》（*Memoirs of the Academy of Inscriptions*）、《中国纪要》（*Memoires sur les Chinois*），可能会受益更多。本书的目的只是提供一本速记，没有细究对许多人来说可能并不那么有趣的内容。

马士曼先生已经很准确地翻译了孔子的作品。他的版本先在加尔各答印刷，后来又由高大卫（Collie）[②]先生印制。高大卫先生曾在马六甲的传教机构服事，如今人已故去。有的译本附有原文和注释，是由他精心制作的，他在这部耗时费力的作品出版后不久就过世了。

---

① 荷兰哲学家、外交官。——译者注

② 英国新教传教士。1822年到达马六甲，并随马礼逊学习中文。1824年，任英华书院第三任校长，直至1828年去世。他于1827年完成“四书”的翻译工作，次年译书在马六甲出版。——译者注

叩头 / 三跪九叩

上一位英国特使马戛尔尼勋爵在北京的朝廷拒绝行叩头礼，引起了人们对叩头这一礼仪究竟要求他做什么的好奇。以下文字摘自马礼逊博士的回忆录，它对叩头的各个级别给出了清楚的解释。

> 如今在中国，表示敬意的最低等级的方式是拱手，即双手合拢，举到胸前。第2级是作揖，即双手合拢，把身子弯低鞠躬。第3级是打千，把膝盖弯得像要跪下一样。第4级为跪，即跪下。第5级是叩头，即跪下，用头撞击地面。第6级是三叩，即跪下，用头撞击地面3次，再起身。第7级是六叩，即跪下，用头撞击地面3次；起身，再跪下，用头撞击地面3次。
>
> 最高级别的是三跪九叩，即跪下3次，每次用头撞击地面3次。
>
> 中国的有些神只能受三叩，有的可以受六叩，而天和皇帝都受三跪九叩的礼节——中国的皇帝难道自视有天的尊荣么？

英国特使拒绝把自己的国家降到某些国家之列是非常合理的——因为叩头毫无疑问是表示卑躬屈膝的服从行为，行此礼的国家也就被称为这个“天朝大国”的属国和朝贡国。

关于是否以顺从中国礼仪作为权宜之计，各方有互相冲突的意见，甚至在使团成员内部，对这个问题的看法也不一样。根据从广州居民处得知的对这个民族的认识，我们达成了以下一致意见。中国人会继续以坚决和傲慢的方式，敦促我们进一步不顾颜面地屈从。如果我们一开始对他们让步了，特使行了叩头礼，他们可能会提出新的要求。我真诚地希望，美国不要再向中国派遣类似的外交使团。向中国诉求不会得到什么，要屈尊去请求必然要提供与诉求相称的礼物，因此就会被那些虚荣和自大的中国人归入朝贡国[①]之列。

① 众所周知，在将使团官员和其他成员送往北京的船只上，桅杆上悬挂着标有大字的旗帜，明确地表示他们是给皇帝朝贡的。——作者注

秘密结社 / 屡禁不止

私人集会和结群，是令政府非常不安的事情。由于担心这些组织造反，或酝酿其他叛逆举动，政府采用了各种方法来压制集会。这些组织的集会是极其隐蔽的，成员需要郑重宣誓保密。我在广州时，政府对这些秘密结社颁布了严厉的法令，许多成员被捕，但他们很快就找到了新的地方，无视政府的法令继续举行集会。

大多这些团体里，不过是些道德败坏和无所事事的人，他们聚在一起就是为了抢劫和掠夺。这些人中有很多是僧侣，他们住在崎岖不平、道路险峻的山口，在那等过路人。他们躲在堡垒里，抵抗官府派来的军队可以说是万无一失，因为只有他们自己才熟悉这些堡垒。还有人则混迹于城市和郊区，想尽办法抢劫，一般都能顺利得手。衙门官员靠衙役来捉这些匪徒，但多数情况下官匪之间有某种协议，致使这些贼匪能逍遥法外。中国也广泛存在着政治组织，其行为被官府视为谋反，因而遭到严厉的惩罚。这些社党中有声望和身份尊贵的人经常会联络。多数情况下，他们的目标看上去是为促进对自己有利的政治变革。

秘密的宗教组织也是官府怀疑的对象，它们因受到严厉的惩罚而发展受阻。在当前政府看来，这些组织中最让人憎恨的是基督徒。他们目前还没能够在很大程度上成功，中国政府对信教的严厉惩罚，也极大地减少了皈依者的数量。官府采取了各种措施禁止公众集会，因此所有出于宗教或政治目的的集会都不得不秘密进行。他们在这方面如此提防，以至于多了几个外国人在一起用晚餐，都会被探子报给官府。这些探子因此而定期得到报酬。

琉球、台湾等 / 贺尔的小说

贺尔（Hall）舰长[①]的精彩小说使不知名的小岛琉球声名鹊起。不是他的话，琉球至今可能还籍籍无名。很难猜测是什么促使这位英勇的舰长发表这么一部浪漫的小说。在他的笔下，琉球岛上的人对武器和战术很无知，也没有钱币，诸如此类。然而，他对这个优秀民族的品格和性情的描写，最终消失于真相前。这些关于琉球居民的真相让人恼火，最近也被一些人不怀好意地散布。要推翻诗歌般的航海者的神话，必定是一件烦人的事。但对于最近提到的有关事实，我们有责任对贺尔舰长这本破天荒的小说作一个正确的评价。看起来，琉球岛上的人根本就非小说中所说没有钱币，他们有硬币和金条，其中一部分每年要作为贡品送给中国。他们也不像小说中所描写的那样，是一群温和、善良和友好的人，而是与他们的中国邻居一样，擅长伪善和假装。琉球历史上有着无数次关于战争的记载，他们不时也有参战，他们使用的武器据说与中国的类似。《广州纪事报》的一位作者对这位巴西勒·贺尔舰长滑稽的罗曼史进行了一次讨伐，并毫

① 英国舰长，著有《琉球岛游记》（*Voyage to Loo-choo, and other places in the eastern seas*）一书。——译者注

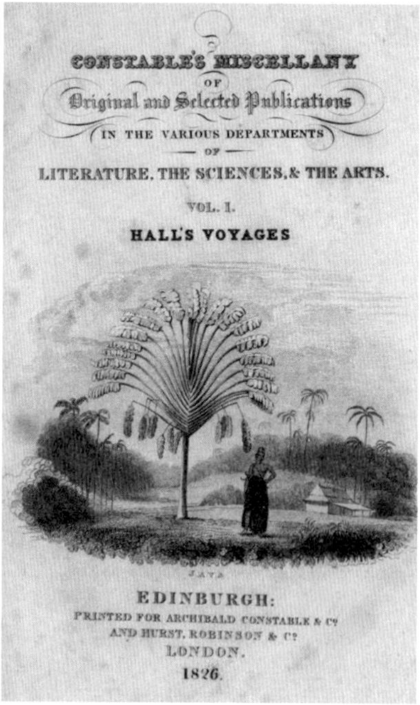

《琉球岛游记》书影。（贺尔舰长，《琉球岛游记》。Captain Basil Hall，*Voyage to Loo-choo, and other places in the eastern seas*，1826）

不留情地揭露了里面的虚假记述。

1682年，乾隆皇帝收复台湾。[①]这座岛屿位于中国海，离福建海岸不远。它由皇上任命的一位总督统治。

琉球岛自1296年始，与中国有贸易和其他往来，此后被中国视为朝贡国之一。

① 据马礼逊的字典。——作者注　*此句有误。据查，1662年，明朝抗清将领郑成功从荷兰人手中收复台湾。1683年，清福建水师提督施琅率师于澎湖海域歼灭明郑军主力，从郑氏子孙手里收复台湾。——译者注

苦力 / 街头的“扁担”

“苦力”一词表示仆役或搬运工。该词来自孟加拉，一般在广州的外国人和讲英文的本地人中使用。商馆的下等仆人、广州街上的搬运工，被称为苦力。不停地干沉重的体力活练就了这些人的强壮和敏捷。他们能够承受持续的劳累，要是其他人早就被压垮了。

苦力在右肩上放一根竹扁担挑起全部的重量。持续的压力和摩擦会使肩头肿胀起茧，最后肩膀都变了形，他们的腿部会出现一种奇怪的疾病，皮肤表面的静脉会以异乎寻常的方式隆起，让人看起来很不舒服，甚至还会引起严重的疾病。这些苦力身上有一股强大的力量，他们以敏捷的步伐穿过拥挤的街道，一边喊着“嘞，嘞”提醒身边的人让路。

单个苦力用的扁担非常短、轻、弹性好，两头能承受很重的担子。当扁担只有一头有重物时，另一头就会挂上石头或金属，以平衡重量。两个苦力担的竹扁担很大，通常有约10英尺长，重物用吊索或绳子挂在扁担的中间。

由于没有马车或任何其他运输工具，一桶桶的酒、一盒盒的茶叶、一箱箱的重物，所有无法用手搬运的重物，都由苦力用扁担从一处挑到另一处。

特定街道的角落，有为苦力设置的固定摊位。他们可以在这里轮换，由一位监管人协调。他们对自己的权利很在意，与其他私自做苦力的人常发生争斗。在搬运重物时，因竹扁担突然折断还发生过严重事故。苦力走得很快，他们能在比我们想象的更短的时间内运送大量货物。需要时，他们可以从早到晚不停地劳作，除了喝几杯淡茶，别无其他饮料。

挑木头的挑工（乔治·亨利·梅森，《中国服饰》。George Henry Mason, *The Costume of China*, 1800）

佛教 / 传入中国的传说

据一本中国著作记载，佛教是在公元50年汉明帝在位时传入中国的。[①]

在康熙帝任命的编《康熙字典》的那群饱学之士的头脑里，却萦绕着一种不同的观点。他们认为，有些沙弥或僧侣在秦时就已来到中国。秦朝第一位皇帝——秦始皇于大约公元前250年在位。只因那些僧侣是外国人，秦始皇就下令囚禁了他们，但据说一位小金人在晚上打开了监狱的门。公元前250年[②]，得到了一幅佛的画像，而如今的佛仍是当年的样子。然而，那群饱学之士也承认，在汉明帝时，佛教被更有效地传入中国。当时明帝做了一个梦，在梦里他看到一个小金人在皇宫里飞。[③]

这个教派信众很多。他们喜欢抽象的事物和对圣物的冥想，为此退隐到沙漠或山里，以求不受打扰地冥思佛的神

① 汉明帝刘庄，东汉第二位皇帝（57—75年在位）。他在位时，令班超出使西域各国，并将佛教引进中国。——译者注

② 原文为“Woo-tee（B.C. 250）”，此处可能指秦始皇嬴政的父亲秦庄襄王。公元前250年，秦孝文王正式登基3天后驾崩，其子秦庄襄王即位。——译者注

③ 据马礼逊在其《华英字典》中所言。——作者注

圣及神力。他们认为，只要重复念诵“阿弥陀佛”到一定次数，就能得到佛祖的保佑。

佛教修行中的大多数祷告都是印度文。印度字的发音被转化成了汉字，但意思却没有，因此僧人念诵的是某种声音，而非自己能理解的词。

佛教和天主教在外在仪式上有很大的相似性，这使很多人大为吃惊。很久以前一位虔诚的传道人曾对它进行过猛烈抨击，因为他觉得这是对罗马教会圣礼的亵渎和可憎的模仿。

道教 / 道士的装束

这个教派在广州及其周边修有一些精致华美的道观，听说主要是由居民的善款资助的。

道教的创始人为老子，又称老聃、李耳。他是一位隐居者、苦行修道者，教导人们有关道德的常识。道教的主要教旨是放下执念，注重静心沉思以及对“天”的思考。[①]道教著作宣扬一种庸俗的迷信，认为老子这位哲人是神，以人身显现，且常出现在人间。从远古到6世纪，据说老子在人间共显现7次。马礼逊博士在他的字典里关于“道教”的条目中，引用了中国书籍里有关该教的许多细节。他说，道教的语言和道士使用的名号非常特殊。老子被称为至高神、三清和道德天尊等。道士主要以头发来辨认，他们把大部分头发梳到头顶，后枕、前额和耳朵周围的头发都剃光。他们把头顶的头发挽成髻，在上面卡一个葫芦冠，即木制的状似葫芦的冠，再用一木簪子穿过冠使头发固定。道士服是一件宽大的纯色

① 老子的教导和实践被朱夫子（Choo-foo-tsze）描述为：无为，忽视现世及其影响，期望以圣人典范来改造人。老子超越了影响和支配人们的规则，既不爱名望，也不爱享乐，亦不参与公共事务。最后，他称自己为无知的好人。——马礼逊

长袍，袖子也特别大。道士可以成家，据说也可以吃荤，这两点上与佛教僧人不同。与佛教僧人相比，道士一般更友善，知识也更广博。许多道士以当官宦人家子女的老师来谋生。坐在商馆附近大街上的好几位算命先生就是道士。他们往往衣着整洁，没其他教派的人那么闲散。

迷信 / 怪物

中国人深受迷信影响，迷信的东西亦让人瞠目结舌。比如，在黄历上标吉凶日，谁要是执意在星相家认为是凶日的那天出门旅行，或开始做什么事，会被认为是疯子。人们很看重预兆，急切地寻求对梦的解答。他们借助特别的仪式来预测未来将发生的事情。他们也用类似的仪式来确定修建房子或坟墓的吉地。平民百姓把外国人看成是一种怪物。他们对灵兽顶礼膜拜，甚至在上层阶级中亦如此。我在中国收集到的许多让人不可思议的作品里，有一种是关于怪兽的奇闻异录。书里绘制着无数怪物，样子极为丑陋，简直让人匪夷所思。书分为两卷，还有一卷图画。①

书中对每幅怪物的图画都附有描述性注释。我已对最不寻常的怪兽的描述，加了英文翻译，来当作例子。书中其他的图画非常之多，风格也很类似。我摘出的这些描述可以让大家对其他的图画也有一个大致了解。

① 作者指的是《山海经》，先秦古籍，是一本载有怪奇悠谬之说、荟萃珍奇博物的地理志。《山海经》本有图画，但古图已亡佚不存。现今所能见到的最早山海经图本，来自于明朝的胡文焕本和蒋应镐本。——译者注

第2幅，英招（Ying-chow）①，马身人面的神兽，生有鸟翼，身上饰有虎纹。

第3幅，陆吾（Luh-woo）②，虎身，狮爪，有9个人头，其中8个头较小，拥着第9个大头。

第5幅，神䰠（Shin-kwei）③，人面猪身，单胳膊单腿。居于刚山。

注释：可能是一只单胳膊单腿的猴子。

第6幅，泰逢（Tae-fung）④，人面，虎尾。萯山之神。

第8幅，䍺（Wae），人面，羊角，虎爪。居于骄山。

第9幅，计蒙（Ke-mung）⑤，人身龙头。居于光山上。每当它进入或离开此山，总是风雨交加。

第10幅，刑天（Hing-teen），代表天，有身无头。右手握战斧，左手持盾。眼睛长在乳头处，嘴生在肚脐处。

---

①《山海经·西山经》记载："槐江之山……实惟帝之平圃，神英招司之，其状马身而人面，虎文而鸟翼，徇于四海，其音如榴。"——译者注

②《山海经·西山经》记载："西南四百里，曰昆仑之丘，是实惟帝之下都，神陆吾司之。其神状虎身而九尾，人面而虎爪；是神也，司天之九部及帝之囿时。"——译者注

③《山海经·西山经》记载："刚水出焉，北流注于渭。是多神䰠，其状人面兽身，一足一手，其音如钦。又西二百里，至刚山之尾。洛水出焉，而北流注于河。"——译者注

④《山海经·中山经》记载："吉神泰逢司之，其状如人而虎尾，是好居于萯山之阳，出入有光。"——译者注

⑤《山海经·中山经》记载："又东百三十里，曰光山。其上多碧，其下多木。神计蒙处之，其状人身而龙首，恒游于漳渊，出入必有飘风暴雨。"——译者注

第11幅，蓐收（Juh-show）[①]，右耳上挂有青蛇。生得龙眼龙面，狮发狮爪。右手握战斧，骑在双龙上。为上古四方神之一的西方金神。

第12幅，烛龙（Tuh-Yin）[②]，人脸蛇身，朱红色，长1000里（250英里）。钟山之神。

第13幅，相柳（Leang-lew）[③]，蛇身，有9个人头。

第14幅，奢比尸（Choo-pe）[④]，猪身人面。耳朵上缠着青蛇。

第15幅，天吴（Teen-woo）[⑤]，虎身，有8个人头，8脚8尾。朝阳谷之神，有人说它有10尾。

第16幅，雨师妾（Yu-sze-tsee）[⑥]，身体黑色，两手各执一蛇。左耳钻出一青蛇，右耳钻出一赤蛇。

---

① 西方金神蓐收为上古四方神之一。上古四方神是上古时期镇守四方的四位大神，它们是：东方木神句芒、西方金神蓐收、南方火神祝融和北方海神禺强。《山海经·海外东经》记载："东方句芒，鸟身人面，乘两龙。"《山海经·海外西经》记载："西方蓐收，左耳有蛇，乘两龙。"——译者注

② 《山海经·大荒北经》记载："西北海之外，赤水之北，有章尾山。有神，人面蛇身而赤，身长千里，直目正乘，其瞑乃晦，其视乃明，不食，不寝，不息，风雨是谒。是烛九阴，是谓烛龙。"——译者注

③ 《山海经·海外北经》记载："共工之臣曰相柳氏，九首，以食于九山。相柳之所抵，厥为泽溪。禹杀相柳，其血腥，不可以树五谷种。"——译者注

④ 《山海经·海外东经》记载："奢比尸在其北，兽身、人面、大耳，珥两青蛇。一曰肝榆之尸，在大人北。"又《山海经·大荒东经》记载："有神，人面、犬耳、兽身，珥两青蛇，名曰奢比尸。"——译者注

⑤ 《山海经·海外东经》记载："朝阳之谷，神曰天吴，是为水伯。在虹虹北两水间。其为兽也，八首人面，八足八尾，皆青黄。"——译者注

⑥ 《山海经·海外东经》记载："雨师妾在其北，其为人黑，两手各操一蛇，左耳有青蛇，右耳有赤蛇。一曰在十日北，为人黑身人面，各操一龟。"——译者注

第17幅，贰负之臣（Urh-foo-chee-chin）[①]，双手为头发所绑，右脚带镣。居疏属山上。

第18幅，雷神（Luy-shin）[②]，龙身人面，腹似鼓。居于吴西。

第19幅，九凤（Ken-fung）[③]，鸟身，有9个人头。居于北极的天柜山。

第20幅，强良（Keang-leang）[④]，虎眼，人身，有4只偶蹄，一蛇穿过其鼻。与九凤住在一起。

第21幅，羽民国（Yu-min-kwo）[⑤]，羽人的王国。羽人与常人一般大小。居于结匈国的南部。图画中是一个长着翅膀和鸟嘴的羽人。

第23幅，厌火国（Ya-ho-kwo）[⑥]，国人兽身，皮肤黝黑，口能喷火。住在讙头国的东边。

---

①《山海经·海内西经》记载："贰负之臣曰危，危与贰负杀窫窳，帝乃梏之疏属之山，桎其右足，反缚两手，系之山上木。在开题西北。"危居疏属山，但书中英文为"Fuh hill"。——译者注

②《山海经·海内东经》记载："雷泽中有雷神，龙身而人头，鼓其腹，在吴西。"——译者注

③《山海经·大荒北经》记载："大荒之中，有山名曰北极天柜，海水北注焉。有神，九首人面鸟身，名曰九凤。"——译者注

④《山海经·大荒北经》记载："大荒之中，有山名曰北极天柜，海水北注焉…… 又有神，衔蛇操蛇，其状虎首人身，四蹄长肘，名曰强良。"——译者注

⑤《山海经·海外南经》记载："羽民国在其东南，其为人长头，身生羽。一曰在比翼鸟东南，其为人长颊。"——译者注

⑥《山海经·海外南经》记载："厌火国在其南，兽身黑色。生火出其口中。一曰在讙朱东。"——译者注

第29幅，奇肱国（ke-heung-kwo）[①]。这些人会隐身，制造飞车，可以飞很远的距离。单臂三眼。居于单臂国之东。

第32幅，一目国（Yih-muh-kwo）[②]。独眼国人，眼生在脸（或额头）之中部。住在烛龙的东边。

第34幅，（聂）耳国（Urh-kwo）[③]。这些人耳朵长而下垂，走路不得不用双手托着。

有关邪灵的迷信在中国各阶层中都很流行。晚上，家家户户包括船上的人家，都在门口点燃小香、烧纸来祭祀，以求与阴魂不散的邪灵和解。

在一年中的某个季节，人们会给逝去的亲戚朋友献祭。逢人过世，会烧纸钱纸衣，认为这些重要的物件可以转到灵界供故去的人享用。

---

① 《山海经·海外西经》记载："三身国在夏后启北，一首而三身。一臂国在其北，一臂、一目、鼻孔。有黄马虎文，一目而一手。奇肱之国在其北。其人一臂三目，有阴有阳，乘文马。有鸟焉，两头，赤黄色，在其旁。"郭璞《山海经图赞》"奇肱国赞"云："妙哉工巧，奇肱之人！因风构思，制为车轮。"——译者注

② 《山海经·海外北经》记载："一目国在其东，一目中其面而居。"——译者注

③ 《山海经·海外北经》记载："聂耳之国在无肠国东，使两文虎，为人两手聂其耳。县居海水中，及水所出入奇物。两虎在其东。"——译者注

刑庭 / 审判现场

我在中国见过的最有趣的场景之一，是对一些男子的审判。他们被指控抢劫和谋杀了法国“航海者”号上的水手。这艘船在中国海巴拉望（Patawan）岛[①]西南端的浅滩或礁石上失事，前往交趾支那[②]进行改装。但是他们在那里也遇到了很大困难，船只最终报废并被卖掉。船上的部分船员，共16人，在拒绝一艘挂葡萄牙旗帜的英国双桅船指挥官的安排后，登上了一艘中国帆船。中国帆船本来是计划让他们在澳门和船上的一些本地乘客一块上岸的，但从一名生还的水手——名叫弗朗西斯科的意大利人的证词来看，中国人在澳门上岸后，法国船的水手被骗继续留在船上。他们被承诺，跟船一起走，到时把他们送上岸会更方便。之后，中国帆船的船员开始对法国水手动手，除两人幸免于难外，船长和其他船员均遭杀害。这两名幸免于难的水手跳下了船，其中一人身受重伤，很快就因筋疲力尽沉没了。另外那人就是弗

① 菲律宾西部岛屿，属巴拉望省。巴拉望省位于菲西南部海中，西边是南中国海，东临菲苏绿海。——译者注

② 位于越南南部，又称“南圻”。法国殖民地时代，该地的法语名称是“Cochinchine”，首府为西贡。——译者注

朗西斯科，他在一块板子上支撑了一段时间——一些中国渔民扔给他一块板子，但不敢救他上船。最终在他力气用尽之时，被另一艘船上的船员救起，并在澳门上岸。他马上被带往有关机构，以提供这场谋杀的证词。

这起可怕的事件使人们对这位不幸的幸存者产生了极大的兴趣。他除了从葡萄牙政府收到一份补助外，还收到了许多澳门居民的捐款。这件事也被立即告知澳门和广州的官员，以及广州东边的邻省福建厦门的官员——那艘帆船应该是往厦门去了。

下面是我从自己的日记中摘出来的内容，它会解释审判的形式和我在法庭上见到的仪式。

法庭在老公所里，已经破败，位于中国街的尽头。它在1822年被大火烧毁，据说是因首席行商浩官的迷信而没有重建。老公所有时被用来在特定日子里举行仪式，里面有单间和祭坛等。大堂中央摆着广州知府的大座椅，旁边的案几上放着书写材料。知府右边坐着两位头戴金顶的官员，左边是一位头戴乳白色顶珠的官员。这些官员的外围，有两名戴金顶的副判官，一边一个。他们身着华丽的丝袍，内衬皮草，前后都绣有许多方形图案。这些官员到达之前，囚犯已被带到庭院里。他们被装在牢固的木枷笼里，枷笼的大小刚好够他们双腿弯曲地蹲着。他们的手、脚和脖子上都戴着锁链。枷笼上面有一个圆洞，可以让这些可怜的犯人把头伸出来。每个犯人身上都插着一根木签，上面写着他的名字。每个枷笼装一人。他们被带进来时，每只笼子都吊在竹竿上，由两名男子挑着。他们穿得还算整齐，但已筋疲力尽，样子看上去很糟糕。许多人已经受了酷刑，被带出笼子接受检查时，几乎不能走路。其中一个人引起了在场人的注意和好感，他表情很从容，许多人试图与他交流，但因为他是福建人，讲方言，所以很难沟通。

马礼逊先生向在场的外国人致辞，希望他们最好以尊敬的方式告知当局，外国人不希望任何人在证据不确凿时流血。其中有一个中国人一直否认参与了那场可怕的大屠杀，直到被施以酷刑才被迫认罪。作为一个货物押运人，他是一位有钱人，也在船上有货物，他是不可能同意帮助这样一场大屠杀的。而且从有关数字来看，这场掠夺带来的分成是如此微不足道，被发现的危险又是如此之大。从他那里得到这些信息并不容易，因为他讲的话要由另一个中国人译成广东话，转达给尊敬的马礼逊博士，再由博士译成英文。①

官员在进入法庭时，会在桌旁站一会，再庄重而严肃地入座。一名高级衙役用一种拖长的声调大喊，另一名小衙役以类似的调子回应。这样就开庭了。

谋杀进行时，意大利水手弗朗西斯科跳下大船，被一艘渔船救起。现在他站到了法庭前面，在广州知

---

① 马礼逊博士因他的善举而得到了所有在场者的感谢。——作者注

府的右边，由一位葡萄牙翻译陪伴。

马礼逊博士上前，向广州知府致意，并表达了他刚才的想法。知府有所回复，马博士退下。

犯人被两三个、四五个地带出来，好让弗朗西斯科与他们对质，以认出参与了谋杀的人。弗朗西斯科认出了一些有罪的人，知府于是把自己面前对这些人的起诉状，用红墨水做了标记。

前面提到过的那位老先生被带上来时，弗朗西斯科冲上前，马上就认出了他。他拍着老先生的头，用葡萄牙语大声喊叫："就是他！""就是他！"经审查，证明这位可怜的老先生不仅没有参与谋杀，还努力想要挽救弗朗西斯科的性命。他被从犯人名单里除去，很快就获得了自由。

然后有超过30人被审问，但仍然没找到主谋。弗朗西斯科认出了其中一个犯人，他还只是个孩子。这个男孩承认，他的父亲是这次流血事件的主谋之一，自从出事以来他再没见过父亲。法庭要去传唤其他人，但他们不能马上前来，就暂时休庭了。这样，外国人在这里从早上11点30分一直待到下午4点，然后才出去吃晚饭。

我们走后，审问就终止了。

法庭门口，驻守着一队强横的士兵，中国街的入口也被封闭。由于这条街道是广州最拥挤的一条路，街上常常有一大群人。为了维持秩序，士兵们用他们手中的东西毫不留情地恣意鞭打人群。任何人只要靠得太近，鞭子就会不由分说地落在他的头上和肩上。这些士兵是我从未见过的样子最可恶的人了。他们的面相特别让人反感和厌恶，人也特别脏，但他们也是一群可怜的士兵。为了自我保护、使他们不能靠近，我们不得不狠狠地踢和拍打他们，我们一点都不希望从他们身上染上什么让人全身发痒的东西，或是他们中许多人有的其他毛病。我们看到武官不被允许进入审判厅，尽管其中一位戴着蓝顶的官员的职位还很高。武官们的马被系在中国街上，这些马就像我们在广州看到的所有中国马一样，个头矮小、样子可怜。它们实际上是马驹，鬃毛浓密，尾巴很粗，距毛未修理，也没钉蹄。

在场行商有年轻的浩官、茂官、潘启官，还有年轻的经官。他们穿着华贵的袍子，在官员们抵达时恭敬地迎接。潘启官戴着华丽的琥珀珠子项链，每隔几颗珠子镶以大的球状并抛光得很亮的玉——一种中国人特别珍视的石头。其他人也戴着宝石项链等，但不如潘启官的那么夺目华美。审判厅很大，里面只有审判官和他们的随从，在广州的外国人以及一些士兵。但是，由于人数众多，厅就显得很小，让人觉得不好受。我们在人群中无法移动，也被人烦躁地挤来挤去。大堂里的气味极难闻，就像许多脏兮兮的流浪汉挤在一起发出的味道。只因这样的审判场面让人觉得很新鲜，也极少见，我们才勉强在那里待了一些时间。

祭祀 / 机械的过程

中国人的祭祀仪式看上去不过是对既定礼法的表面遵从，不带任何真正的虔诚或信仰。这些仪式被严格地执行着。人们从来不会忘记每天给家里的神献祭，也会常祭奠逝去的亲人。在特定的时节，人们偶尔也去庙里，在那里烧锡箔，燃香和花烛。除了这些，还有许多由僧人们帮忙的公众祭祀节日。人们在火神节祭火神，庆祝时火照得四周通亮，到处是一片喜乐的气氛。庆祝新年时，消耗的烟花数量着实叫人吃惊，每个人都沉浸在辞旧迎新的欢乐中。

与其他国家相比，中国或许缺少真正的宗教，但人们对遵守宗教既定的外在形式却最在意。每天晚上，他们在家门口插一炷香。每家每户都有神龛，里面的香火被很小心地照看着，他们认为这些仪式可以防止邪灵进入家里。天黑时，人们在船上举行同样的仪式。他们还点燃一扎扎的锡箔，举在空中，差不多烧尽时扔进水里。我们经常看到里面盛着火的小陶罐，在晚上一路顺畅地沿河漂下。这是另一种形式的请神或祭祀。对中国人来说，它们不过是一个机械的过程，一般并不伴有真正的信仰或忏悔，更多是出于迷信的恐惧，而非对神灵的感激。

中国人购买的祭祀用品，有牛皮纸，中间用一张金箔纸装饰，还有香、油和小香烛——香烛是用蜡做的，中间插有一根烛芯。

大多街道的角落有一个壁龛，里面放置石制的男女神祇坐像各一尊。善男信女在神像前面摆放了蜡烛、香，也烧纸，作为供奉。壁龛的石框四周刻有祷文或道德格言，字凹处为朱红或黑色。壁龛上有一个小罐子，里面盛满灰，插着香。整个壁龛是可以移动的。祭坛下面有一个陶罐，人们可以往里面扔烧着的纸。

钱—金银—利率 / 掺假的银锭

中国常用的货币是铜钱，欧洲人称之为“cash”。它是用合金铸成的一小块钱币，中间有一小方孔，可以用来把钱串起来。当汇率为平日里的（1个银元相当于）7钱1分7文时——这在广州被称为7.1.7，707个铜钱相当于1个银元。市场上相当于1西班牙元的一大串铜钱，约有800文，其中混有许多交趾支那的钱币和少量假币。西班牙银元是一种引进的钱，商人在收到它们时，习惯在每个银元上用钢印盖章。银元很快就破碎了，完全走形，最后成为银碎。银碎上面印有字，但在支付时只能完全以重量来计了。银锭上盖有印，标有纯度，是用成色来表示的。银锭的纯度由银匠用多套触针测试。最纯净的白银被称为元宝（Sy-cee）[①]，外国商人从秘鲁进口到中国的普拉塔-品纳（Plata-pina）[②]也属于这一种。许多银锭会掺假，经常被铸成空心，中间放一块铅来充重。在金银买卖上有各种欺诈行为，交易时必须格外小心。

据说国库收到的税是以元宝支付，其纯度由专业人员测

---

① 意为“元宝”，源自粤语的“细丝”。品相好的银锭纯度较高，延展性也较好，可以被拉成细长的银丝，故有此名。——译者注

② 一种表面为硫化银的银币。——译者注

试。在任何情况下，我相信金子都是用一套有着不同纯度的金牌来检验的。这些金牌上有标记和编号，被称为金对牌[①]。用待测的金子，在一块非常精细的黑色碧玄岩[②]上做一个标记。同时用对牌在石块上做类似的标记，直至颜色完全匹配。参考对牌，金块的纯度很快就能准确地测出来。这里不用火来测金子，对牌被认为是判定金子纯度的可靠方法。

利息在中国非常高，通常年利率为12%，即是我们国家法定利息的两倍。高利贷很普遍，放高利贷的人从同乡的苦难人中谋利。当那些不幸的人不得不借高利贷时，根据还款的可能性，他们常被勒索既定利息的3倍或4倍。

钱庄的人检查铜钱（乔治·亨利·梅森，《中国服饰》。George Henry Mason, *The Costume of China*, 1800）

① 原文为Touch-needle，直译为“触针”，指用来测试金子的金对牌。——译者注

② 又叫“试金石”。——译者注

捕蛇人 / 江湖把戏

许多穷人在大城市附近以捕蛇为生。为了很少的报酬，他们冒着被蛇咬的危险。为防止意外，他们把蛇关在密封的篮子或柳条筐里。危险的蛇就这样被带着穿街走巷，广场上还有人展示10—12英尺长的大蟒蛇。大多情况下，毒蛇的牙已被拔掉。我看到有男子玩致命的眼镜蛇和其他极危险的爬行动物，并没有受伤，显然，他是在手上擦了捣碎了的解药来避免被蛇咬。这种草药的药性很大，尽管蛇被逗得发疯，也不会咬任何擦了药的地方。我拿到了一点这种草药，它们看起来不过是捣碎了的几种草药，晒干了卷成圆筒状。这样的江湖把戏总有很多假的成分，也有可能那个逗蛇的男子有其他防备，要知道这种毒蛇是可以在几分钟内让人致命的。

下等人中一些与蛇有关的迷信极其荒唐好笑。我从一位捕蛇人手中买了一条相当大的蛇。我们的管家，也就是买办，极严肃地向我保证，当蛇长到1000里长时就会飞上天了。我只能回答，如果一只动物长到那种尺寸，就极有可能发生灾难了。那位捕蛇人还有好些野猫，我买了两只，以保存其皮毛来做动物学标本。我把猫剥了皮后，管家把猫身要了去，我很乐意地给了他。第二天，我在一个很大的陶罐里发现了那两只猫，它们被泡在中国酒里，已经被用心炖过了。我知道他把这当成一种能延年益寿的灵药。这位孝顺的东方人想给他年寿已高的父亲补补。

左图：捕蛇人，右图：卖蛇人（乔治·亨利·梅森，《中国服饰》。George Henry Mason，*The Costume of China*，1800）

中国语言 / 复杂的汉字

汉语的复杂性及初学时遇到的困难，阻碍了大多数汉语学习者，他们只能浅尝辄止。确实，除非把汉语作为与本地人进行正式交流的媒介，或者有更重要的目标，从这种劳心费力的学习中得不到什么回报。我希望中国人和外国人能更密切交流的日子尽快到来。一旦贸易开放，对于住在这个国家的商人来说，能用当地人的语言与他们交流将会变得非常重要。

中国的原始文字看起来只是人们对想法和事物的粗略表示。这些符号或象形文字，被认为与埃及文字有着一样的渊源——它们确实也如此。我在前面已对汉字和埃及字里一些相似的字作了比较。随着时间的流逝，人们需要一个更扩展的字母表或字词表，于是把那些简单的字加以组合，形成复合字，这些字的意思也随之改变。慢慢地，精确画出或写出这些字的方式也退化了，汉字演变成一种草书[①]一样的文字。如今人们使用的汉字就这样被创造出来，与它最早的字形已没多少相似之处。现在更有所谓现代草书，进一步简化了汉

① 草书只是汉字演变过程中产生的一种字体。——译者注

字。每个字由不同部位组成，称为“部首”[①]。它们是组成汉字的基本元素，总共有200多个。在字典中是通过这些部首来查字的。比如，我们以有“金”旁的字为例，查字时，先数下除偏旁外字的笔画。我们再翻到字典中部首“金”的部分，找到有着相同笔画数的地方，再耐心点就可以找到这个字了。每个条目都带有字的释义，以及表示其多种用法的引文。

汉字的多种解释对学习者来说非常让人困惑。字形一样的汉字可能会有不同的声调和发音，要分辨是很难的。据说，汉字发音总共不超过1500个，而汉字约为4万个，这样，平均每个音约代表30个字。由于说话时很难区分有的发音，为了能让人理解，人们有时不得不写下那个让人不好分辨的字。

古代象形文字如今是一种装饰性字体了，只被用在印章之类的东西上，不会出现在日常书写中。

在中国，几种不同的方言在不同的地方流行。纯正汉语，或者说官话，是文人讲的，在官员中使用。在北京有一种宫廷汉语正在迅速流行，很有可能取代文人使用的传统汉语。那种宫廷汉语被认为是粗野的，但因为出自北京，也还是很流行。纯正汉语通常被认为是南京话，又叫官话，即官员们使用的语言。它在河南、江南和四川盛行。广州的居民讲一种非常不纯正的方言，官话对他们来讲是几乎听不懂的。不同方言的字词、句和俚语相似，区别主要在发音上。

① 原文为“Keys”，当指字的构成部件或偏旁部首。——译者注

广州话在澳门变得不纯正，在福建省则变得更厉害，不论南京人还是广州人，都已完全听不懂了。

中国台湾、海南岛以及交趾支那、日本和高丽都用汉字，只是读音完全不同，俚语表达也不一样。所以这些不同地方的人虽不能对话，却可以用书面语来很好地交流。

人们用毛笔和墨水来写字，用毛笔时得垂直执笔，很少有人写得很快，但因为每个字符都是一个词，他们能够在短时间内表达不少内容。有些书法作品非常潇洒漂亮，写一手好毛笔字是中国人引以为傲的一项才能。

签名一般用图章，或称印章，图章的字上面涂着红色印泥。皇帝的签名通常用朱墨，“朱批”因此而得名，表示文件上有皇上的亲笔签名。

叛乱—内战 / 掠夺和饥荒

由于政府官员的掠夺，或食物的匮乏，各省经常发生叛乱和起义。庄稼歉收常使粮食极度缺乏，因而引发可怕的大面积饥荒。在山东省和其他一些丘陵荒野地区，穷人遭到官员的逼迫，逃到牢固的山隘口，在那里大批集结成为土匪。他们伏击过路人并杀害他们，还经常下山袭击周围的住户，居民根本没有办法抵抗。官府经常派士兵来镇压这些土匪，但因他们选择的撤退和藏身之地很安全，官兵的袭击很少能让他们不安。有些势力很大的团伙是由僧人组成的，他们从可怜的乞丐，最终沦落为强盗。在摆脱之前的恐惧后，他们开始毫无节制地沉迷于残酷暴虐的掠夺。在有些地方，部落或宗族的人实行自治，不承认自己受中国法律的约束，他们过着游牧的生活，不会被人当成土匪。

最近的准噶尔叛乱，是很多年来最让人震惊的事件。平息这场叛乱花费的时间，显然表明了被压迫人民的绝望，以及官军的低效。①

① 平息准噶尔叛乱的战争从康熙二十七年（1688）正式打响，一直到乾隆二十三年（1758）才宣告结束，长达近70年。——译者注

龙舟节 / 危险的龙舟

6月17日，中国的大江南北都会庆祝一个特殊的节日——龙舟节，也是纪念屈原的日子。据说这个特别的习俗是这样来的："龙舟节是为了纪念一位伟大的政治家。他在楚国享有盛名，但中了坏人的阴谋。他极其失望，亦对生命感到厌倦，于是'抱着一块石头'，投了汨罗江。人们没能找到他的尸身。以后每年6月17日[①]，人们都要在中国的河流和沿海地区，假装寻找他的尸骸，并举办龙舟赛。参加比赛的人划着长长的龙舟，敲锣打鼓，响声震天。"[②]这些船因又长又窄的特殊形状，被称为龙船，或龙舟。船头雕有大龙头，描金绘彩，船尾形似龙尾，整条船就像浮在水面上的大龙，因而得名"龙舟"。小龙舟有20—30英尺长，大龙舟则超过100英尺。与其长度相比，龙舟特别窄，船上每条凳子最多只能坐2人。每艘船可载20—140人不等，其中2/3的人都是划桨手，其他人则用力摆舵，使劲敲锣打鼓，或击钹或挥舞旗帜。船上是一片吵闹而热烈的气氛。

船的中央被一面巨大的鼓占着，鼓上方飘着一面大绸

---

① 端午节是农历五月初五，阳历每年不一样。——译者注

② 据马礼逊的字典。——作者注

龙舟。英国维多利亚和艾尔伯特博物馆藏

旗。两个男子随着划船的节奏击着鼓，划桨手每听到一声鼓响，就大叫一声以示回应。船的两头分别放着一面锣。船上摆放着无数的圆形丝制华盖，每隔几英尺就有一个。船身极浅，满载时只高出水面几英寸。船尾是给掌舵的人用的，他靠一根长长的桨来控制船的方向。这些船是如此之长，以至于当狭窄的河道挤满了数不清的小船时，不能转向。因此，当船要往反方向划时，除了船头站着一人挥舞旗帜外，船上其他人还要帮忙掌舵。当方便倒船时，划桨手在大鼓的一声令下，站起身来，把脸转向相反方向划桨，让船尾先行。桨大概4英尺长，划手们划得快而短促，人多又窄的船以惊人的速度飞过水面。

划船的人通常戴着圆锥形的竹帽——就像广州的苦力和劳工平日里戴的一样，身着白衫和蓝裤。敲锣打鼓的人穿着蓝衣，系着白色的腰带，还戴着镶有蓝边的大草帽。

这些龙舟由私人拥有，常被出租给一大群人。租龙舟的人聚在一块非常吵闹。他们激烈地竞赛，你追我赶，经常发生严重的事故。参赛的龙舟队之间还常发生争斗。队员们在盛怒之下，只顾往前冲，也不管河里的小船，这样就撞毁了不少小船，船上的人有时也不幸被淹死。龙舟很长，船辐很小，使它们在快速前进时震动得很厉害。因船的剧烈震动和船上的重量，还发生过船断裂的事故。

6月17日是庆祝龙舟节的日子，这个日子一般都记在中国日历上，但庆祝的时间常常会延到19日或20日。澳门的龙舟赛在海港里举行，有时会有大浪，因而船造得短些、高些，而且更牢固。它们比广州的龙舟要小很多，装的船员也少。

鸦片贸易 / 交易链

在短短几年之内，暴利的鸦片交易就呈现出可怕的势头。尽管不时有人反对进口和吸食这种有害药品，也经常有鸦片被缴，交易不但没有变得萧条或中断，反而以10倍的活力蓬勃发展。在中国，鸦片很少用于治病，人们把它当作消遣品，耗费的数量对不熟悉情况的人来说相当令人吃惊。当鸦片造成的严重伤害呈现在人们眼前时，那些“善人们”确实感到了悔意。大多情况下，短时间的沉迷会强化这个可悲的习惯。抽鸦片的可怜人本想以吸鸦片暂时消除揪心的烦恼，不过很快就会发现，他寻求的遗忘总是以不停的牺牲为代价的。用平实的话来讲，那些经常吸食鸦片的人，在每一次吸食短暂的兴奋与下一次再吸食之间，是最悲惨和无精打采的可怜人。他们只有沉溺于这种极具破坏性的习惯，才能变得有精神，而这种精神不过是短暂的假象。

本书的目的不是要详述特定的商业细节，附录中有关伶仃的鸦片交易量的表格，已可以相当准确地表现出这种罪恶交易的规模。值得注意的是，那个表格列举的箱数并不是对中国全年的供应量，因为并不包括澳门的大笔交易，或者用本地船只运输的从巴达维亚、新加坡等地进口的数量——这个数字是无法估算的。如果可以确定的话，它无疑非常大，很有可能比一般估计的数量大得多。

中国的法律严禁任何形式的鸦片进口，朝廷和各省不时颁布严厉的法令来阻止它，但都无济于事。不管是在抽得起大烟的各等人中，还是在许多抽不起的人当中，吸食鸦片的习惯都非常普遍。要靠各级官员来禁止鸦片交易是不可能的，大多数官员自己就常抽鸦片，在执行禁烟令上也就非常不用心，因为禁烟会使他们失去那种抽大烟时极大的满足感。除此之外，走私贩警惕而机敏，可以骗过追逐他们的巡逻船，因此很少有鸦片船被抓，而且不经过激战也抓不到。

鸦片走私极其危险，但从来都不缺绝望和需要活干的人，来组成鸦片船上的走私队伍。鸦片船通常都有伪装，在船上挂网、篮子和其他看起来毫无危害的东西，就像平常的渔船一样。这样，除非在船上发现了违禁品，几乎不可能发现这些走私贩子。

用来做鸦片交易的船只又长又窄，这样更快捷方便。船上有30或35支桨，两面大的席帆。大帆上可以加一面小帆，偶尔安装在置于船尾的小的可动桅杆上。根据船只尺寸，船上的人可多可少，但通常在30人以上，包括广州的鸦片贩子手下的人。这人负责下船送鸦片订单，上船监督称重。在紧急情况时，每个人都要投入工作或战斗。

这里有必要解释一下广州的鸦片销售模式。从外国商人那里购买鸦片的人大多为经纪人，很少用自己的账户交易。他们只是充当买家和卖家之间的中介，从买家那里得到佣金。在购买大量鸦片时，要么在送货前就已支付钱款，要么先赊账。订货单，或叫作“chits”[1]，只是给船长或指挥官的条子，要求给送单人一定箱数的货。以赊账方式交易时，通常要付一笔商定的钱作为定金，如果不遵守交易条款则会被没收。鸦片一般会经多人之手，但这些人看到的都不过是订单，而非真正的货物。鸦片交易非常危险，市场波动有时也很厉害。不难设想，圆滑的手法和技巧是顺利经营鸦片的必要条件。有关鸦片可能的进口量、手上的货物和可能拿到的价格等准确信息，都是不可或缺的。市场变化很大，买卖需要非常小心，几乎没有人比中国商人和经纪人更善于与人打交道。

巴特那（Patna）[2]、贝勒那斯（Benares）[3]和狄莫恩（Demaun）[4]生产最好的鸦片。从土耳其进口的鸦片不太受欢迎，它们被用来与其他鸦片混合在一起。巴特那的鸦片公班土是一个球，上面盖着罂粟叶，为半流体。贝勒那斯的鸦片剌班土和麻尔洼（Malwa）[5]的鸦片白土更稠，后者是固体的，包在锯末里。为防止鸦片受潮，箱子盖得很紧。虽然采取了预防措施，不少鸦片还是被损坏了。对于鸦片贩子来

① 在孟加拉国和印度大部分地区，“chit”一词用于各种形式的信或便笺；如今它已被英国人引入中国。——作者注

② 印度比哈尔邦首府，当时中国称产于印度东北部恒河流域的“孟加拉鸦片”为“大土”，其中巴特那所产鸦片又称“公班土”或“乌土”。——译者注

③ 印度北方邦城市，位于恒河河畔，产的鸦片被称为“剌班土”“姑”或“姑泥”。——译者注

④ 印度西北内地的麻尔洼所产鸦片少部分由葡人运至葡属狄莫恩港出口中国。——译者注

⑤ 印度的主要鸦片产地之一。位于印度中央邦，它产的鸦片被称作“白皮土”或“白土”。——译者注

说，仅是外表受损就足以让他们拒绝一箱货，因为鸦片的价格是如此之贵，他们担心即使是一点点瑕疵，也可能不利于销售。箱子损坏出售是要亏本的，如果市场上有足够多的鸦片存货，损坏得厉害的货物将无法出售。运送鸦片时[①]，会把货从箱子里取出，仔细清除外面的其他东西，然后装在草袋子里称重后带走。在走私船上公班土再次被称重，每袋的重量都被标记在袋子上的一小张方形红纸上。由于鸦片变干燥了，它的重量与原始货单所开之数的差异很大，按惯例卖方要向买方确保鸦片的重量，如不足则需从其他箱子取货来补足。

每个箱子一般能装105斤，1斤相当于1 $^1/_3$磅。鸦片船的船长每交付一箱货就会得到一笔费用。近年来，这笔原本丰厚的在船长年收入外的钱已大幅减少。[②]

以前在伶仃岛上船时需要小心，得偷偷地上。现在鸦片贩子大白天就大摇大摆地驶过巡逻船，明目张胆地站在甲板上。巡逻船上的大部分人已受贿；再则，除非自己占有很大的优势，所有人也有“正当理由”不去冒险打一仗。

---

① 鸦片走私以前是从黄埔的船只开始的，现在已不再这样操作。所有用大船运输来的鸦片，如今都被存放在伶仃的鸦片船上。——作者注

② 附录将会提供一些与鸦片消费量有关的记录。——作者注

贸易 / 交易的规矩

中国人的出口贸易非常可观。他们使用大量大小不一的船只，交易到了朝鲜、日本、台湾、海南岛、马尼拉、马鲁古群岛、交趾支那、巴达维亚等地。我们对中国人之间的交易方式知之甚少。他们使用合同，但是一旦合作失败，很少有人会上法庭，因为打官司拖沓，费用高，想要伸张正义也很难。违约者通常不辞而别，自己剩下的财产随债权人摆布，而这些债权人一般都毫不留情。

内陆贸易是巨大的。中国可航行的河道和宏伟的运河可谓四通八达，河上遍布载满农产品、工业品或从国外进口的奢侈品的船只。运河船的到达和启程，货物的卸船，回运货物的接收，使河流最大限度地保持着忙碌，也给成千上万的劳工提供了工作机会。中国国内最大的贸易商品是丝和茶，盐则是进口贸易的主要商品。盐的交易垄断在某些商人手中，他们从政府那里购买了经营特许权。盐装在帆船里运达，只能停在河流的特定段。盐的转运和关税评估是在海关官员的督查下进行的。为防止走私，海关的船不停地在盐船中间巡航。

在中国的对外贸易中，外国人得借助于买办，其规则完

盐船。英国维多利亚和艾尔伯特博物馆藏

全不同于中国本地人之间交易的规矩。尽管对外贸易有很多限制，但世界上可能没有比中国更规范和安全地做生意的地方了。

船到达时，收货人或货监会与一位行商联系安排各事宜。所谓安排，是指让定下的行商负责处理关税，保证船上的人在停留期间不生事等。作为回报，他会从商船得到一大笔生意。[①]船只在联系好行商前，是不允许卸货的。联系好后，如果需要马上就有驳船来把货物运上岸。安排完毕，商船上就会挂上一两艘海关的船只，并配上一名防走私的官

① 清朝官员会严厉查处行商所负责的船上的人的任何违规行为，还会勒索大笔款项。——作者注

员。但在需要时，一小笔贿赂就足够买通这些人。他们自己也用开玩笑的口气说，当一个人的眼睛被钱蒙住时，他是不可能看到其他的。

几天后，一些官员上来丈量船，并决定它要交的港口费。船的费用分为一等、二等和三等，等级根据用肘尺丈量的船的大小或吨税计。①

港口费，又称为“cumshaw”，总共为1950两白银，或2700银元。最近，我们非常努力地想要减少这笔费用，但并不成功。一位通晓多国语言的通事被雇来处理关税、靠岸和货物的运输等事情，商船准备出海时也要通过他来获得船只的通关许可，他可以因此获得一笔可观的费用（216银元）。

船上的货物是用一种特殊的船只在河上来回运输的，这种船叫作驳艇②。它很适合在河上运输。驳艇造得很好，空间也宽敞，船身有点像运河船，由一面挂在高高的桅杆上的巨大的席帆来推动。在风平浪静的日子，人们用桨和竹篙来使船行进，这种方式也可以使船以不错的速度逆流而上。

货物到达广州时，还没卖出的会被移到与商馆相连的仓

① 按肘尺测量来计算船只大小，其费用分为三等，如下：第一等——154肘尺，7两（tael），4钱（mace），4分（candareen），8厘（cash）。第二等——125肘尺，6两，8钱，4分，0厘。第三等——125肘尺，4两，7钱，8分，8厘。需要指出的是，许多船只为了逃避这些费用，不往上行到黄埔停泊，而是在伶仃岛或澳门附近停泊。它们从下来的船只手中接收货物，这些船只并没有被卖家或受托人完全装满。这样，货物的费用有所降低。——作者注

② chop这个词用得很普通，但通常用于政府法令、护照等。驳艇（chop-boat）指将货物运入或运出的特许船只。排屋（chop-house）并不像一些新来的人所想象的那样是一个休闲的地方，它其实是海关或税收办公室。术语“第一剁”（first chop）表示头等质量。——作者注

驳艇。英国维多利亚和艾尔伯特博物馆藏

库，或存放在某位行商的店里。商行干燥、通风且宽敞，用来存货非常适宜。

在中国做生意简单快捷，比世界上其他地方都好做。大多买卖都用现金，在多数情况下也避免了汇票和贴现等麻烦。买卖使用赊账时，需要非常小心，要充分确定货物受托人的品格。一般来讲，高层次的商人更值得信任，而小商贩一点也不值得信任，也不能赊给他一毛钱，因为大多情况下他们在钱的事情上完全没有原则。一旦有机会，他们就会毫不犹豫地占外国人便宜。

除非是从知名和公认的商人那里买东西，否则要极为小心，检查货物也要多加注意，以确保与样品是一致的。

在核对商品重量时，也要小心被骗。一般来说，与值得尊敬的人打交道，危险要少些。但比起那些出卖自己邻居的小商贩，他们的要价可能高些。不过，有些小商贩也值得信赖，一些地位高的商人也需要防范。为了防止驳艇上的欺诈行为，本地商人一般会派一位可靠的仆人去检查，以确保货物没有被开箱或调包。

茶叶、丝绸等被带到广州时上面盖着垫子。到达后，要重新装配或更换包装，并换上新的标志。货物按欧洲的方式称重、标记和编号后再出口。同时还会抽查一定数量的货物，以防欺骗。需要时，他们会用一种特别的垫子来盖住箱子，防止货物损坏。为了进一步保证货物安全，他们还用藤条把它们绑扎在一起。

货物都是用驳艇从行商的商馆运到商船上的，除了最后一艘或倒数第二艘驳艇上的丝绸和各类零星商品。这艘艇被称为杂货（Chow-chow）[①]艇，通常在买家受托人的住所对面装货。这些小商品的卖家，交给买家票据以计算关税，票据会转交给那位懂多国语言的通事，由他与海关结算。当商船装货完毕，做好一切离境准备后，会递交一份申请到海关[②]，即向粤海关官员提出通关申请，以取得

① Chow-chow，广州俚语，指食物或是各种琐碎物品的集合。文中是后一种意义“杂货”。——作者注

② 清粤海关最高主管通称“粤海关监督”，全称“督理广东省沿海等处贸易税务户部分司”，在西文文献中记为“Hoppo”。它多被用来指“海关”或“海关官员”。马礼逊所著的《华英字典》为其提供了如“海关大人”“关部”“关宪”等译名。——译者注

船牌（Grand Chop）[1]。通常在提出申请的第二天，他们就会收到离境许可。

离境许可由引水在虎门下方的炮台递交，然后商船就可以自由出海了。除了船牌，还有另一份由船长保存的文件，告知船只在遇到事故时可以进入中国的任意港口。这两份文件的笔调都非常夸张好笑。

从上面的内容大致可以看出在中国做生意的方式。但是，如果要全面而充分地介绍它，还需要比本书更详尽的阐述。对某些商品有特别的法规，许多是被禁止进口或出口的。如果运的单单是大米，是不用交税的。一艘载有一定数量大米的船进来时，如船上没有其他货物，就可以免掉港口费。

至于丝绸，每艘船按规定可载80担（peculs）[2]。但是，为了逃避这项规定，商人们会把额外的货先送到其他船只，然后再转回来。

① 又作“红牌”，全称为“粤海关外洋船牌”。它是洋人的船只出关的通行证。《华英字典》中将其译为“红牌”“大牌”。——译者注

② 一种中国计量单位，一担为100斤。每斤相当于1.3333磅。这样，每担就有133.33磅。——作者注

渔业 / 繁忙的渔船

咸鱼和糙米饭是中国下层阶级的主食。正因如此，中国政府把沿海和众多河流的渔业当成最重要的事务来管理和监督。渔场、渔汛期等都有相关法律规定，并有官员监督。一个知晓最大规模的欧洲捕鱼业的人，可能会觉得中国人捕鱼时对船只和人员数量的安排不够完善。天气晴朗时，可以看到从澳门出发的渔船队，有时多达1000多只，每只船载重10~50吨。他们整装出海，回来时船上载满战利品。每艘船上至少有6名男子，以及妇人和孩子，许多船上多达15或20人。政府官员会保存一份登记有从事渔业的船只的名册，船只被定期编号并发给执照。有时，在离海岸很远的地方突然起大风，导致渔船大量失踪，成百上千的人不幸被淹死。在肆虐横行的风暴里，它们几乎顷刻间就被吞没了，这主要因船只本身的构造所致，也因当地人在危险情况下的犹豫不决和胆小怯懦。

中国人用来腌鱼的盐，因加入了苦盐而质量较差，保鲜能力也大为降低。外国人几乎吃不了广州的咸鱼，但当地人吃起来似乎津津有味。除了那些大家都认为有毒的，很少有广州人不吃的鱼。劳板鱼、鲨鱼和许多种淡水鱼都被腌成大块，而小些的鱼则被整条腌制。

海参是一种海洋生物，以肉质鲜美而为人们所喜爱。中国沿海的海参数量很少，大多来自于马鲁古群岛，被马来人捕了，装在帆船上运来中国。

螃蟹、龙虾和其他有壳类动物在沿岸被大量捕捞，主要风干了吃。贝类也非常丰富，河口有很多鸟蛤、扇贝和优质牡蛎，还有一种鲜美的大蛤蜊。我们还看到了一种蚌，在淡水河里数量不少。

澳门附近的渔业是中国政府一个重要的收入来源。捕鱼的船很大，船尾高，用的是双桅杆，航行良好。他们通常有十来人上船，包括妇人和孩子。海湾的水很浅，这些船不能靠岸边太近来卸鱼，所以不得不雇用小船把鱼运到岸边的海关，在那里称重交税。

有时，捕鱼船可谓数不胜数，许多小船都从各岛屿成群而来。那时，海滩上显现出一片喧闹繁忙的景象。鱼的种类很多，有时有从50或60艘渔船带上岸的鱼，真是蔚为大观。

许多大船会在海上航行数周，把捕到的鱼腌了并包好，转运到小些的船上再带上岸。

行商 / 财富与压榨

作为一个商业组织，公行是由政府任命的行商组成的，公行为商行的统称。行商的死亡和去职使得其人数经常变动。我在广州期间，行商数量比以前少，共8家，即浩官、茂官、潘启官、关祥、鳌官、发官、黎柏官和经官。公行是作为对外贸易的垄断机构存在的，拥有朝廷授予的特权，除个别情况，可为外国人提供所有的商品。尽管如此，外面的商人仍不顾法令，以行商的名义在其房子里交易。他们表面上是行商的生意助理，实际上是以行商名义向外国的货运监督售卖自己的货物，他们要向行商付一大笔钱。大部分出口到美国的货物都是通过这些人和行商成交。东印度公司通过合同垄断了与行商的生意。他们的生意被分成股份，根据行商执行合同条款的能力分配。行商因存货的仓库而得名，这些仓库是一排排的长房子，房子一头到另一头有宽阔的过道。中文把它叫作“巷”，被误传为“行”。行商被叫作担保商人，因为他们要做担保，正如前述，要负责商船的关税等事宜。

与外国人起争执时行商要对政府负责，常会遭高额罚款①。

① 行商浩官因常受压榨而声名在外。在“渥巴希”号案中，浩官被罚款30万银元，但其中2/3又由皇上下令退还给了他。——作者注

浩官伍秉鉴画像（油画）。英国画家乔治·钱纳利，1830年。

尽管可获得巨额财富，他们的生活却常常充满焦虑和风险，因为他们会受到政府官员反复无常的压榨，官员很少会放过这样的机会。

中国商人在与广州海关官员打交道时，对他们的敲诈和要求无不俯首听命，常引起外国朋友的极大不满。由于一些强加的原因，有时行商们支付了巨额钱款，其合理性并不清楚。他们辩称，向官员们示威是无用的，因为在没索要到钱的情况下，他们并没有使用任何强制手段。但是，他们行使政府授予的搜查权，在要求没有得到满足时故意开箱检查，严重损坏了进出口商品。我们了解这些事实后，不能再指责他们没有勇气来抵制邪恶，他们已清楚地告诉我们，那样做的后果是无法弥补的。

人口 / 各省人数

据准确的说法，中国的人口数量比天主教传教士的记载少多了。据马礼逊博士记载，以下是中国各地区和省份在上次人口普查中的人数（不包括鞑靼地区等）：

兴京（Hing-king）.. 390714

盛京（Shing-king）.. 95929

京师，直隶，或北直隶（King-sze，Chi-le, or Pe-che-le）

.... 3504038

江苏（Keang-soo）..28967235

安徽（Gan-hwuy）.. 1438023

山西（Shan-se）.. 1860816

山东（Shan-tung）..25447633

河南（Ho-nan）.. 2662969

陕西（Shen-sze）.. 257704

甘肃（Kan-suh）.. 340086

浙江（Che-keang）..18975099

江西（Keang-se）.. 5922160

湖北（Hoo-pih）..24604369

湖南（Hoo-nan）.. 9098010

四川（Sze-chuen）………………………………… 7789782
福建（Fah-keen）…………………………………… 1648528
广东（Kwang-tung）………………………………… 1491271
广西（Kwang-sze）………………………………… 2569518
云南（Yu-nan）……………………………………… 3083459
贵州（Kwei-chow）………………………………… 2941391
总计 ……………………………………………………143088734

除上述人口数外，陆军和海军应另有200万人。

戏剧 / 唱戏

戏剧文学的状况目前正处于低潮，或者说进步异常缓慢。戏剧表演在中国非常普遍，但要么荒唐可笑，要么场面不堪。吵闹和喊叫似乎是一流悲剧演员的拿手好戏，最搞笑的插科打诨是喜剧表演的顶峰。戏的主题一般选自中国古代历史，古代的服装也被很细致地复制到了舞台上。没有布景或场景变换，在舞台上放几张桌椅就是唯一的变化了。这里没有剧院，表演通常只在草草搭建的竹棚里进行。棚顶盖有棕榈叶，棚子只是为了表演而搭建，事后马上就被拆了。节日期间，有钱人会雇流动戏班子，在这些临时搭的棚子里表演戏剧。演戏剧，又被称为“唱戏”，公共街道上的表演是由附近居民自发筹款资助的。有些演员在舞台上名声很好，但在其他方面则被人鄙视和嫌弃。唱戏被认为是下贱的行业，唱戏的人几乎无一例外地被看成是不道德和无原则的。至于中国式悲剧则是一场荒唐的表演，只能引起欧洲观众的嘲笑和讥讽。

农业 / 农民与农作物

中国人不辞劳苦和坚韧不拔的劳作方式，使他们在农耕上克服了种种困难。若遇到同样的困难，欧洲和美国的农夫要么生厌而不管，要么绝望地放弃。当土质不足以提供养分让作物生长时，为了获得好收成，农民会在上面盖一层肥沃的新土。他们几乎不浪费任何土地，在山丘两侧和陡峭的山坡上开垦梯田来种作物。用来耕地的农具粗糙而笨拙，但就是凭借着这些工具，耕作者的劳动获得了丰厚的回报，他们也没有想要改进农具。

在南部省份，稻米是主要谷物，北方则种了大量优质小麦。广州附近偶尔可以看到大麦，还有大片长得繁茂的甘蔗、香蕉、山药、芋头和红薯，充分显示了当地人的能干和勤劳。农民用小黄牛和大水牛来耕田，然后用锄头把土进一步捣碎。脱粒的操作与我们的一样，将谷物放在石臼里，用杵捣碎去壳。杵位于杠杆的一端，另一端用脚踩踏。好几种国外的蔬菜在这里长得不错，但由于一些不明原因，它们在两三年内就退化了，需要重新撒新种。水果很丰富，那些适合在中国生长的美味，也栽种得很广泛。桃子、苹果和梨长得都很一般，只有那些从北方省份来的才长得勉强不错。原因可能是耕种不当，因为根据欧洲的一个成功的试验，在澳门长出了味道好、个大的桃子，而在广州长出的却是比美国最糟糕的桃还差的桃子。

农民这个职业在中国是很光荣的。所有细读过这个国家历史的人都知道，在北京每年都有的祭农典礼上，都会有皇帝亲耕仪式。

亲耕仪式［布列东，《中国艺术与服饰》，第1卷。Breton，M.（Jean Baptiste Joseph），*China: Its Costume, Arts, Manufactures & C.*，1812］

司法管理 / 贿赂的恶习

贿赂和腐败常使正义不能及时得以伸张，的确令人愤慨。这种恶劣之风长久以来都很盛行，已被当地人看成是无可挽救的了。在诉讼中，当事人若能用足够多的钱来贿赂判官，则几乎无一例外会胜诉。很难找到不爱钱的司法官。清官非常罕见，人们会因他的公正不阿而给予很高的声誉。然而，他们也会招致那些卑劣有权势的同僚的憎恶和怀疑，陷入丢官的境地，甚至还会有生命危险。

流放边陲 / 犯人

中国新疆地区的伊犁（E-le），还有大布哈里亚（Bucharia）诸地，是罪犯流放地。官府对不同等级犯人的处罚力度差别极大。一个未被判死刑的罪犯，会被发配到新疆做苦役，而一个破产的行商或政府官员，还可以享有一份政府津贴，过着较舒适的生活。广州居民对被流放到那个“寒冷之地”（他们这样称呼它）充满了极大的恐惧，不仅因为那里天气恶劣，还因他们对那边人的看法。好几个因生意不顺或铺张浪费而破产的行商，在广州被关了几个月甚至一两年后，被送到伊犁。在公行用年度分期付款来还清他们欠的债务前，这些行商不得不一直待在那里。

家畜 / 牛马羊猪狗

欧洲家畜体形很大，令中国人感到好奇而惊讶。同样的品种养在中国，大多情况下在体形大小和强壮程度上都要逊色很多。在商馆前的开放广场上，经常挤满了无所事事之徒。他们被吸引到那里，老盯着附近的居民及其房子，还有常在旁边活动的家畜看。这些男人和孩子整天聚在广场周围，旁边的家畜也就成了让他们很不安的源头。

理发匠们在广场上摆起摊来，却似乎没有谁显出烦躁或惊慌。一头好动的奶牛不停地在人群中冲来撞去，狼狈的理发匠和他的客人不得不猛往后退，于是撞翻了好几位做缝纫的老妇人、香蕉贩子，还有那些等待着水手的人——水手们是从下面船上过来的。因为某种固执和偏见，中国人偏爱自己矮小的牛，特别看不惯我们的奶牛的体形和马的神气。他们认为，我们的马对当地士兵毫无用处，因为他们习惯于骑设得兰群岛（Shetland）[①]上马驹一般大小的马——那些马极其温驯而无生气。胡马比那些南方的马更大，也更有精气神。它们大多体格健壮，比广州及其周边那些可怜的矮马更

① 大不列颠岛以北的群岛，在英国领土的最北端。——译者注

有耐力。我在中国看到的马从没被钉过铁掌。人们很小心地尽可能留长它们的尾巴和鬃毛。如果马尾上的毛和鬃毛长得不够浓密，中国的马贩子会用人工手段来加以修饰。因此，经常会有外地人买了一匹这样的人造骏马后才发现，这马既没有尾巴，鬃毛也非常稀疏，俊秀的皮色不过是临时染出来的，让人烦闷又痛心。

水牛是一种体形很大、特别强壮的动物，但也很温顺，在农耕上极为有用。有时会见到一群水牛仅由一个小孩看着，安静地吃草，一个外国人的突然出现会惊扰它们并使它们完全失去控制。水牛也曾多次危及不小心靠近它们的陌生人的性命。它们被用于犁田、耕地等一般农活。在某些地方，水牛被当作役用动物，因为它们力气极大，对干这种活可以说是非常得力。水牛的肉很粗，极少被食用。耕田的人也认为水牛太宝贵，不愿把它用作食材。许多人强烈反对杀死这种有用且温顺的动物。仅仅为了满足胃口而杀害如此任劳任怨的水牛，会被认为是不感恩。正因为水牛特别有用，人们也愿意留着它。

我记得曾经在书摊上购买了一幅水牛的印刷品，觉得它很好笑。这幅水牛图的轮廓由字体很小的汉字构成，按常规读出来是一首称颂水牛的赞歌，同时也对杀害水牛的人表达了痛恨。我保存着这件新奇而具有原创性的作品，把它作为中国人迷信的一个特别例子。

猪长期以来都以它的骨头小、肉质鲜美而闻名。中国的猪的体形比我们的小，但因为它们很快就能长得膘肥体壮，特别被看重。

绵羊在北方省份很普遍，但在广州很少见，也很贵。绵羊肉吃起来异常鲜美。中国的绵羊尾巴粗，类似于好望角的品种。小牛肉是人们唯一不吃的肉，在广州这样炎热的天气里，不吃它也不算憾事。其他肉则无比丰盛，应有尽有。广州人吃的食物，大多数我们这边也有。中国特有的食物非常丰富，除了个别的，大多数食物都价格适中。

中国的狗非常像爱斯基摩人的狗，只是体形要小得多。它们也是我见过的最胆小的动物，这可能因为它们吃的几乎全是米饭——肉太贵，狗完全不得享受。狗多为黑色和红黄色。它们长到约一个月大时，会被弄得很干净，肥嘟嘟的，装在篮子里拿出去卖。买狗的人要么是吃，要么是养。这里的狗胆小，喜欢叫，这使它们成为很好的看门狗，听到一点动静就发出警报。我也在屠夫的店里看到狗被洗干净，一块块地烫了，再由流动的肉贩子挂在竹竿上卖。广州人特别喜欢喝汤，他们有时也把狗肉放在一些非常美味的汤里。

惩罚 / 酷刑

长久以来，中国以其酷刑而名声在外。这些种类繁多、千奇百怪的刑罚，对这个自夸有着极高文明的民族来说，无疑是不值得称赞的。他们的许多刑罚即使那些最野蛮的国家也无法比拟。

绞死在直立的十字架上，被认为是最不耻辱的死法，因为它不会像砍头一样使人的身体残缺。砍头是常见的刑罚。在处决杀害法国“航海者”号[①]水手的海盗时，大多在广州的外国人都应知府邀请参加了斩首仪式。犯人先被送去刑场附近的一座庙里，在那里每人被施以一小块蛋糕。然后他们被装在笼子里，带到指定的地方。笼子由两名男子用一根竹扁担抬着。到了指定的行刑地，犯人排成双行，面朝北京。刽子手迅速地挥动沉重的刀，把犯人们的头一一砍下，扔成一堆。犯人没有任何骚动，脸上也毫无表情。死亡看起来是一瞬间的事。[②]

叛乱者通常被施以最严酷的刑罚，最后还被分尸。弑亲

① 参见书中的“刑庭”一章。——作者注

② 有些头颅在第一刀后并未完全砍断，由一个男孩继续砍断，这个跟着刽子手的男孩，手里拿着一把弯刀，专门做这事。——作者注

者也要经受最可怕而漫长的死刑。对某些罪行，律例规定可以施以滚油、肢解，或其他可怕的刑罚。除非刽子手已被买通，否则他们很少会让犯人少受罪。

鞭刑会被毫不留情地执行。还有一种枷刑，就是把一个木枷套在犯人脖子上，一般是用来惩罚小偷等犯人的。竹制刑具被用于所有的小罪行，有时也是非常可怕的。尽管中国的律法明令禁止酷刑，为了使犯人认罪，许多审判官还是用它。流放使犯人得以不死。每年都有大量犯人被送到鞑靼地区当兵或做苦役。刑期满后，他们要从主管官员那里得到一份文书，才被准许返回故里。

古时有许多残忍的刑罚，现在都已不用了。在这些刑罚中，有一种叫作“箭耳”，是用一支箭穿过犯人耳朵的软骨，并在上面挂上标签，标明犯人名字和他所犯罪过。

在中国典籍《礼记》中，载有古时中国人所用的刑罚：“墨者使守门，劓者使守关，宫者使守内，刖者使守囿，髡者使守积。”①——第48卷，第42页。

① 来自《周礼·秋官·掌戮》，墨、劓、宫、刖、髡被称为“五刑”。英文只提到墨、劓、刖、髡，即黥面、割鼻、断足和剪发。——译者注

食物 / 大开眼界

中国人的餐桌真是让人大开眼界，菜式丰富多样，数不胜数。多样的菜肴加上各种独特的食材，让人觉得新鲜有趣。食物主要是炖煮的，盛在碗里或深碟里。所有的食材都被切成小块，这样吃时就无需用刀了。中国人用筷子代替刀叉，他们用起筷子来特别灵巧娴熟。对于外国人来说，要用两根光滑的象牙或木筷来代替刀叉，一开始是很困难的。客人用筷子夹菜却夹不住，这也让中国人看笑话了。他们可以轻松地夹起哪怕是最小的米粒，而当他们不得不用筷子之外的其他餐具把食物送到嘴边时，也与我们一样不知所措。广州行商举办的宴会上，菜式通常超过150样，还不包括甜点。甜点也极其丰盛，还装饰着美丽的花朵。在上菜间，他们还把香布浸在热水里，作为餐巾呈给客人。人们用令人称奇的瓷器或银器饮酒，有时也用讲究的金器，上面的雕绘巧妙而精致。

有些菜肴让外国人极为吃惊，只好很不客气地加以拒绝，比如一只炖得可口的小狗，或一碗鱼翅汤。燕窝是很珍贵的主菜，它被炖在鸡汤里，配以煮熟了的鸽子蛋，吃起来一点味道都没有。但燕窝富含胶质，很有营养。

在下层人中，大耗子也被当成一种食物。在卖干果、家禽之类食物的店铺，总可以看到耗子被剖开来，在太阳底下晒着。当地人经常吃用硝石腌制的蛋，还有臭气熏天的鱼和各种古怪的食物。对外国人来说，这些食物是下不了口的。海参是一种海里的动物，在马鲁古群岛和其他地方被大量捕来运到中国。中国人把它炖在汤里，就像炖燕窝、鹿筋和鱼翅一样。

中国人的主食是米饭，量很大。在南方，人们用极便宜的大米代替面包，不过加了几样诸如鱼和蔬菜。

婚仪 / 不自由的婚姻

在中国，很少有婚姻是男女双方相互爱慕的结果。婚配通常是由家长安排的，并不大考虑当事人的感受。由友人做媒，定好聘礼，精心选定良辰吉日，比如临近新年的日子。人们认为新年非常吉利，好多婚嫁都在这时进行。聘礼会从新郎家送到新娘家，同行的还有由人抬着的一顶精雕细琢、镀金流彩的花轿，敲锣打鼓的乐队，以及亲朋好友和家仆等。轿子到新娘家后，新娘家人收了礼，把女儿送上花轿，再锁好轿子，钥匙交由伴郎保管，新娘的侍女跟随女主人一起。到新郎家后，伴郎把钥匙交给新郎，新郎把新娘从轿中接出来，两人一起进屋，行拜堂等仪式。仪式完毕，两家人的亲朋好友共享喜宴，喜宴规格依家庭的实力而定。整个婚宴呈现出一片喜气祥和的气氛。有时庆祝会持续好几天，其间会消耗掉大量食物和金钱。

新郎在门口接新娘时，如不满意，听说他有权把她送回她父母家，只要给对方加倍的彩礼就行。这种事情不常发生，因为只要条件许可，丈夫是可以娶三妻四妾的，但第一位妻子比其他妻妾的地位要高。

圣人 / 孔子

有关孔夫子的描写非常奇特，尽管离奇夸张，人们却完全相信。他被描写成高9尺6寸，比普通人要高很多，因而被冠以“高个子”的称号。据说孔子有尧的前额、皋陶的脖子等[①]，似乎古代圣贤所有的美德都集中在他身上。从他的脸上可以看到中国的五大名山和四大名川的缩影。他有着高挺的前额、突出的下巴、高高的颧骨和一个罗马人的鼻子，看起来就像五座大山。他的嘴巴是张着的，露出牙齿。他的鼻子扭曲，刚好现出鼻孔。他的眼睛瞳孔突出，耳朵硕大而引人注目[②]。如上所述，他的面目与想象中的中国四大河流有相似之处。他的手垂到膝盖以下。他的眉毛显出12种色泽，眼中散发出64种智慧。

孔子是叔梁纥和颜氏女的私生子[③]。尽管孔子名声显赫，特别是作为哲学家和道德家享有很高的声誉，但流传下

---

① 据《史记·孔子世家》记载，有一次孔子到郑国去，和弟子们走散了。孔子独自在城池东门外等他的学生。有一位郑人对子贡说：“东门有人，其颡似尧，其项类皋陶，其肩类子产，然自要以下不及禹三寸，累累若丧家之狗。”——译者注

② 在中国，大耳朵被认为是与众不同的标志，可能是这个原因。——作者注

③ 据马礼逊的字典。——作者注

来的关于他的生平记载，却会影响我们对他的印象。孔子在世时成功地为自己辩护了，但根据历史学家收集并传下来的资料，并没有有力的证据可以证明他不是。我在这里就中国圣贤的智慧所发表的评论，是不会被那些研究过他们作品的人驳斥的。在中国，与大众普遍的看法执不同意见是不礼貌的，而普遍看法是把这些古老陈旧的言论看成是受上天启发而生成的人类智慧的根本。

长指甲 / 古怪的癖好

中国人有许多特别的风气和嗜好，让人觉得很不可思议，其中最古怪的是他们精心留长指甲的癖好。他们把长指甲视为男子有身份的象征，至少可以证明无需靠体力劳动来维持生计。有时他们把指甲留得特别长，有8或9英寸。为了使指甲免受损伤，他们把每个手指头都包在空心竹节里。这样，被这些奇怪东西装饰的手几乎什么也做不了了。中国女人对她们的指甲特别用心，每个手指的指甲长度都有1或1.5英寸。这些指甲在质感上特别像一支干燥的鹅毛笔，随着长度增加，指甲尖会变得卷曲。

中国历史故事 / 红颜祸水

夏桀的皇后妹喜生活极其骄奢放纵，她说服桀建了一个酒池，并让3000名客人在鼓声中集结，像牛一样从池里饮酒，把模仿蛮兽当成一种享受。

商纣王的王后妲己发明了几种最野蛮的酷刑，以她“别出心裁的残忍”闻名中国历史。她让人在一根铜柱上涂上油性物质，并把它烧得炽热，迫使犯人从上面走过。这对那些可怜的犯人来说自然是致命的。他们在通过这座“燃烧的桥”时一个个跌入火中，这让妲己极为高兴。

周幽王的皇后褒姒从来不笑。直到有一天，为了博褒姒一笑，周幽王点燃了烽火台。诸侯们收到这虚假的警报，误以为有敌军入侵而迅速赶到皇宫。后来，周幽王遭到犬戎的袭击，烽火台又被点燃，但这次诸侯以为像上次一样是嬉闹，没有赶来，结果可怜的周幽王就与他的王朝一同灭亡了。

中国人认为这三位皇后是造成亡国的红颜祸水。

我们可以看出，褒姒的故事与著名的男孩与狼的寓言故事非常相似。

上古的君王舜是一位盲人的儿子。尽管他的父亲愚昧顽固，继母凶悍嚣张，弟弟又骄横无礼，他仍能尽孝悌之道，使家庭和睦。

巫术 / 扶乩

中国人在遇到困难和觉得迷惑时，会通过“乩”来问各位神仙、已故圣贤和其他人的意旨。他们把一支木笔或一根芦苇悬在沙子上方，据说某种看不见的力量会使它移动生成字来回答人们提出的问题。扶乩即帮助占卜，或发出诉求。

1814年，一位被罢免的政府官员，发布了一份称是通过“扶乩”从孔子那里得来的意旨，他因此而被处死。他得到的“圣人之意”是，当今皇上应派一位皇子去祖先坟前祭拜，而不要自己去；“皇帝”这一称号应是从半仙关帝那里得来的。这些说法被认为是对皇帝的大不敬。

政府通常不鼓励这种巫术。①

① 据马礼逊的字典。——作者注

自然史 / 有限的认知

中国作者有关动物的概念是模糊的。寓言、荒唐的说法与真实的判断奇怪地混杂一起。广州出版了好几本关于自然史的著作，书里的木刻版画似乎做得漫不经心，却足以识别出它们代表的动物。这些书没有对动物进行通常的系统排列，分类也有明显错误。中国有着让博物学者极感兴趣的生物，遗憾的是政府禁止研究，这样我们在这方面的知识就非常有限。我一直在努力做这方面的研究，近来也发现了许多新的有趣的动物。仅对动物进行描述并不太困难，因为在广州可以得到大量的标本，但我们对动物的习性和行为方式却知之甚少。当地有些记载，可信赖的极少。比之动物，中国的植物更为人知。我们目前对中国的矿产几乎一无所知。希望困难不会阻止我们继续努力，以便更全面地描述这个国家的自然物产，并获得更多关于那些奇特动物的习性的准确信息[①]。

① 托马斯•比尔（Thomas Beale）在澳门的宏伟鸟舍让我们了解了中国鸟类的许多习性，这些习性几乎是在自然状态下被发现的。他的特别收藏包括中国大多数特有的鸟，以及在其他收藏中都找不到的一些珍贵品种。此外，鸟舍里还有许多美丽的鸟，尤其是“天堂鸟”，这只不寻常的鸟几乎被比尔先生驯化了，它从和蔼可亲的主人手中取食，一点也不害怕。看起来这种鸟是能被很好地驯化的。它或许是这里唯一被圈养的活物。——作者注

庆祝新年 / 新衣和乞丐

中国人的新年是喜庆和欢乐的。他们购置新衣，进行一年一次的大扫除，拜访亲友，送呈贺帖。总而言之，上至皇帝，下至平民，在新年这一天都要想尽办法使自己看起来特别体面。街上几乎空无一人，生意暂停，店铺关张。偶尔在街上碰到什么人，不是去探亲访友的人，就是拿着一沓红帖、飞快地穿街走巷送信的仆人——只要厚重的新衣能让他们走得动，把主人的问候送到亲朋好友那里。

鞭炮整晚放不停，一直持续到第二天。不管是陆上还是船上的人家，都要用放鞭炮来表达新年的喜悦。人们把一长串一长串的鞭炮挂在竹竿上燃放。一个人的钱袋深浅，抑或他虚荣或喜悦的程度，大概从散布在他家门口的鞭炮屑可以大致地看出来。此外，人们还烧红纸和锡箔，这些纸更便宜，能满足那些花不了太多钱来放鞭炮的人。

如果一个家庭的经济状况不足以给家里每个人做一套新衣，那么部分穿着会换成新的，一般来讲是帽子或鞋子。对能负担得起的人来说，黑色缎面靴是最能满足他们的虚荣心的。船家们会精心打扫船只，给船贴上鲜红的宽纸条，纸中间打满小孔，有时还撒了金叶。这种装饰也用于房屋里。

在这个节日，乞丐会用最不一般和令人反感的手段来乞讨。我就看到一个患病的男子在大街上带着一只死猫游荡。他的样子看起来十分可怕，足以激起人们的同情。他把猫的头和尾绑住，挂在一根棍子上。他用这种令人反胃的方式大摇大摆地走进店铺，店里的人被他可怕的样子惹恼，只得不情愿地赶紧施舍些东西把他给打发了。还有乞丐用刀子或剃须刀割破脸部和身体，就这样满身鲜血，向街上的人讨钱。为了避免沾上这些可怜人的血，人们赶紧用一点钱把他们打发了。

还有一家子，包括半裸的妇人和孩子在街上排成一排，缠着路人要钱。在没有讨到钱之前，即使被打，他们也很少后退。许多女人都是小脚，几乎完全裸露，实在是太穷而买不起鞋子。

下层人中盲人很普遍。路上四处可见的讨钱人中12个里就有9个是盲人。我看到过一排5个可怜的盲人，前面有一个可能还没全瞎的人带路。他们从一家店铺游荡到另外一家店铺找人施舍。但是，有些人的疾病是为了获得别人的同情而假装的。我就经常看到一些假装的盲人，当他们觉得没人注意时就一路跨过障碍物。

古代风俗 / 男尊女卑

中国的男人比女人地位更高，男孩和女孩的特权也相差很大，让人觉得不可思议。在古代，中国人习惯在生男孩时在门口左边放一张弓[①]，生女孩时在门口右边放一块手绢。3天后，孩子才被抱出来。据马礼逊，“中国评论家又说，如上面所述，古人看重尊卑等级，对男人女人、男孩女孩加以区分。男孩能有幸睡床上，而女孩则只能卑贱地睡地上”。

中国那些满是智慧又豪气十足的作家们，认为女子除服从外没有任何价值。他们冰冷的道德也这样要求她们。他们如此说女人：“如果她做得不好，那她连女人都不是；如果她做得好，她肯定不只是女人。”这确实是胡说，这块土地上有学问的人应该从基督教世界的杰曼·德·斯戴尔（Germaine de Stael）[②]、摩根（Morgan）[③]和德·塞维涅（De Sevigne）[④]夫人那里得到警醒，从她们的作品里得到启发，

---

① 在中国，左位为尊。——作者注

② 法国女性小说家，她的作品向人们展现了那些被社会枷锁束缚的无法实现自我的女性受害者，她为所有女性包括她自己诉求女性的权利。——译者注

③ 一名出生在英国的美国妇女参政主义者和禁酒活动家，曾担任基督教妇女禁酒联合会会刊《联合会信号》（*Union Signal*）的编辑。——译者注

④ 法国书信作家，代表作有《书简集》。——译者注

并改信真正的信仰。俗话说得好，一个在言语或行动上不善待女人的男人，遇到考验时几乎总会表现出自己是一个懦夫。在中国，这话可以说是极好地被验证了，因为那里的男人都轻视女人，而他们却以缺乏道义勇气而名声在外。

我很遗憾，在本书最后一页，还要给这个古老民族的品格再添一笔污点，但是真相必须得让所有人知道。现在，我让不带偏见的人自己去判断，让他们决定中国人是否值得享有以前的旅行者给予他们的极高声誉。另外我想说的是，这本小书是作为闲暇时的消遣而写的，它的内容也是我平日里观察的结果。我已经根据自己所能确定的，给出了平实的真相——我希望它也是无偏见的。至于这本书将会在世界上获得美名，还是会无声无息地被人遗忘，就看它自己的造化了。如果本书能激起读者的好奇，我的记录或可在将来某个时候为另一本书提供素材。

附录

皇帝的头衔

皇帝被称为“万岁爷”，即“万岁之父”；“圣上”，即“智慧而神圣的君主”。皇帝也被尊称为“天子”，即“上天之子”，有时还被简称为“圣”，意为“至高”。皇家的标志色是明黄色，皇家穿的袍子都是明黄色的。从皇上那里来的圣旨都用黄色丝绸包起来。当信使带着皇上圣旨经过时，在官道上行驶的人都必须下马，恭立一旁。

奇异现象

在一个天气好的晚上，我在商馆前的广场上行走，惊讶地看到一个奇妙的大气景观。那时天空清澈，也没有风，突然来了一道闪光，持续了一两秒，清晰地照亮了每样东西。它没有再次发生。这种现象的产生可能与电有关。在印度，当好久不下雨时，夜里常发生这种奇异的光照。

偶像崇拜

下面是马礼逊博士引用过的。一位中国人对在广州以制造满足偶像崇拜的祭祀品为生的人数做了估算。根据这个估算，佛教僧侣约有4000人，金银元宝纸作坊有2000家，神龛作坊有400家，蜡烛作坊和工人等超过10000人，香烛或香的作坊有10000家，甚至可能更多。

重量

固体和液体都以重量出售，甚至还有柴火和酒。重量单位如下：

10厘相当于1分。

10分相当于1钱。

10钱相当于1两。

10两相当于1斤。

100斤为1担，即133又1/3磅。

钱

真正的硬币是铜钱，又称为“文钱”，其他的都是象征性的。

10文相当于1分。

10分相当于1钱。

10钱相当于1两，即138分。

广州出口美国主要物品的比较估算

年代	1822–1823	1823–1824	1824–1825	1825–1826	1826–1827	1827–1828	1828–1829
武夷茶　箱数	10018	2413	5795	3340	1095	1100	901
小种红茶、包种茶　箱数	37828	29296	31566	24527	27405	24775	17216
皮茶　打数	37134	32426	56788	45299	29395	33926	18099
雨前　打数	22165	31217	39303	45461	28487	31085	26192
特等珠茶　打数	4899	5587	6817	8019	5992	6614	4888
熙春茶　打数	14703	11562	14501	19072	8915	14963	11264
橙香红茶　打数	175	315	215	368	377		191
茶总数	126922	112816	154985	146086	101666	112463	78751
肉桂　担数	7773	6457	8624	9023	4035	7209	2916
绉纱、绉绸　匹数	91447	55616	103236	46703	29615	69028	24605
绉纱披肩　打数	156631	142425	220635	264630	104060		
绉纱围巾　打数	45264	8683	8100	15800	4160	57293	81625
绉纱长袍　打数	42457	23298	46500	58050	32940		19800
弗洛伦廷厚绸　打数	4295	3846	2879	1025	750	2135	850
里子薄绸　打数	46264	45384	64231	62662	20474	23489	17295
线纱　打数	24145	12302	10919	7740	9485	14957	11340
春亚纺茧绸　打数	5649	2850	2967	2145	5369	13530	16187
手帕　打数	92338	37877	80979	90985	42635	76569	24314
缎子　打数	8150	5614	7384	7880	10881	18606	4836
利凡廷里子绸　打数	10944	8645	9600	6280	7657	13497	7382
羽纱　打数					1477	2620	2465
彩花锦　打数					425		
缝纫丝线　担数	75	58	75	41	18	183 ¾	144
生丝　打数					210	157	68
各种紫花布　匹数	1070707	259500	765000	664000	267405	524500	392900
出口总值	\$6760582	\$5006243	\$7716444	\$7650938	\$3806708	\$5318966	\$3337480

印度鸦片自1828年4月1日起在中国的消费量和价格表

	乌土			刺班土			白土			总数量	
	箱数	单价	总价	箱数	单价	总价	箱数	单价	总价	箱数	总价
		银元	银元		银元	银元		银元	银元		银元
4月	317	1000	317000	104	960	99840	291	1250	363750	712	780590
5月	471	985	463935	156	940	146640	341	1100	375100	968	985675
6月	371	915	339465	89	875	77875	778	830	645740	1238	1063080
7月	529	950	502550	120	910	109200	1014	900	912600	1663	1524350
8月	498	1040	517920	96	1015	97400	651	1025	674450	1252	1289810
9月	410	960	393600	68	930	63240	627	1000	627000	1105	1083840
中国东海岸	98	980	96040	72	935	67320	30	1050	31500	200	194860
10月	396	925	366300	52	885	46020	775	980	759500	1223	1171820
11月	424	920	390080	102	890	90780	734	940	689960	1260	1170820
12月	360	885	318600	35	850	29750	486	890	432540	881	780890
1829年											
1月	341	900	306900	29	850	24650	315	975	307125	685	638675
2月	220	930	204600	59	890	52510	601	1000	601000	880	858110
3月	309	890	275010	148	840	124320	390	980	382200	847	781530
澳门在此期间	87	950	82650				131	965	126415	218	209065
合计	4831		4574650	1130		1029585	7171		6928880	13132	12533115
伶仃存货量（1829年4月1日）	403			170			644			1217	
澳门货量	25						60			85	